Voyage à travers la conscience cosmique

Wes Jamroz

Troubadour Publications

Voyage à travers la conscience cosmique

Titre original :
A Journey through Cosmic Consciousness, Troubadour Publications (2019)

Traduction : *Dominique Hugon*
Révision et correction : *Marie-Paule Mesnard et Éric Dufétel*
Couverture : *Sandra Viscuso* (sandraviscuso.com)

Copyright © Troubadour Publications, 2021. Tous droits réservés.

Tous droits de traduction et d'adaptation, en totalité ou en partie, réservés pour tous les pays. La reproduction d'un extrait quelconque de ce livre par quelque procédé que ce soit, tant électronique que mécanique, et en particulier par photocopie et par microfilm, est interdite sans l'autorisation écrite de Troubadour Publications.

Montréal, QC, Canada

TroubadourPubs@aol.com
http://www.troubadourpublications

ISBN: 978-1-928060-09-3

Note de l'auteur sur les citations

Les citations bibliques viennent de *The Holy Bible* (Chancellor Press, London, 1981).

Les citations de *l'Évangile selon Thomas* viennent de l'édition révisée et mise à jour de Marvin Meyer (*The Gospel of Thomas*, Harper One, New York, 1992).

Les citations coraniques viennent de la traduction du Coran de Abdullah Yusuf Ali (*The Holy Qur'an,* Wordsworth Editions Limited, Ware, Hertfordshire, 2000).

Les extraits du *Mathnawi* de Rumi ont été adaptés par l'auteur à partir de la traduction de Reynold A. Nicholson (*The Mathnawi of Jalaluddin Rumi*, E.J. W. Gibb Memorial, Cambridge, 1960).

Les citations des pièces et sonnets de Shakespeare viennent de *The Riverside Shakespeare - Second Edition* (Houghton Mifflin Company, Boston, 1997). La ponctuation dans les citations des pièces a été ajustée conformément à la version originale *The First Folio of Shakespeare* (W.W. Norton & Company, New York, 1996).

Table des matières

Observateur, observé et l'acte d'observation 9
L'essence de la beauté 19
Un trésor caché 23
Le Macrocosme 27
Le point 37
L'oscillateur cosmique 49
Manifestation des symboles 65
L'esprit humain 73
L'homme parfait 107
La descente de l'âme 135
Destinée 145
Mort et renaissance 157
Le Cosmos dynamique 163
Pourquoi sommes-nous ici ? 187

Observateur, observé et l'acte d'observation

> Il existe deux façons d'acquérir la connaissance : à travers l'argumentation et à travers l'expérience. L'argumentation amène à des conclusions qu'il nous faut accepter, mais elle n'apporte aucune certitude et ne supprime pas nos doutes. Seule l'expérience permet à l'esprit de se reposer dans la vérité.
> *(Roger Bacon)*

Ces dernières années, le thème de la conscience est devenu partie intégrante de la science. Il a été suggéré que la conscience est plus fondamentale que tout phénomène physique connu.

Des progrès dans la compréhension de la conscience ont été réalisés grâce au développement de la théorie quantique. Selon cette théorie, la nature de la conscience est traitée comme un phénomène de champ, similaire au champ quantique. Par conséquent, ce champ est caractérisé par les principes généraux de la physique quantique qui indiquent que tout, dans le monde physique, est en quelque sorte connecté. L'interconnectivité de toutes les choses est clairement démontrée dans les interactions non locales de l'univers quantique, où un objet semble connaître instantanément l'état d'un autre, même s'ils sont séparés par de grandes distances.

La théorie quantique implique que les objets sont des superpositions d'éléments dont la structure sous-jacente est semblable à une onde. Ils peuvent donc être représentés par une fonction d'onde. L'observation d'un système effondre sa fonction d'onde, c'est-à-dire que l'onde se transforme en un objet. Par conséquent, la théorie quantique attribue un rôle fondamental à l'acte d'observation. Cette théorie a ouvert la porte à une nouvelle vision de l'Univers où l'observateur, l'observé et l'acte d'observation sont imbriqués[1]. Le fait que la fonction d'onde d'un système s'effondre sous observation indique qu'il existe une interaction entre conscience et matière. C'est cette caractéristique qui a conduit à la conviction que la conscience et la matière sont deux aspects complémentaires d'une même réalité.

Cela signifierait que la conscience forme un champ quantique primordial qui comprend, entre autres, un ensemble d'idées et de concepts. Ceux-ci peuvent se transformer en une substance qui se manifeste sous la forme de l'Univers et de la race humaine. Les humains, s'ils en font l'effort, sont capables de remplir la fonction d'un observateur conscient. Ainsi leur acte d'observation entraîne l'effondrement du champ de conscience et donc sa localisation, ce qui conduit à l'apparition de matière. L'humanité est le produit le plus élevé de cette matière. La conscience de soi permet aux humains de contempler leurs propres origines. Cette contemplation conduit à une augmentation de la conscience. De cette façon, la boucle de cette auto-cohérence *semble* être bouclée.

De plus, il est supposé que la conscience est primordiale dans l'Univers. Elle est considérée comme la source de la réalité, une réalité auto-suffisante, capable d'engendrer des systèmes complexes à l'échelle micro et macro, auto-régulée et holistique. Rien ne peut exister en dehors de son influence. Et, finalement, elle doit également être présente dans l'Univers. C'est à cause de cet aspect que, selon la science, le rôle de la conscience est différent du rôle d'un responsable, tel qu'assigné à Dieu ou aux dieux par les religions conventionnelles[2].

---

[1] "How Consciousness Becomes the Physical Universe," M. Kafos *et al.*, (inclus dans *Consciousness Became the Universe*, 2nd edition, Science Publishers, Middletown, DE, 2017, p. 6).
[2] *Ibid.*

D'un autre côté, notre sens de la réalité est différent de celui de ces modèles mathématiques proposés par la théorie quantique. Nos expériences quotidiennes sont perçues comme locales et classiques. Il a donc été suggéré que cette différence dans la nature de la réalité perçue est due au principe de non-localité voilée[3]. Ce principe permet à la conscience de fonctionner et de présenter ce que nous vivons comme une réalité objective et locale. Voiler la réalité est en accord avec l'idée que l'esprit construit sa propre réalité. Cela se produit également dans le processus scientifique qui filtre et rejette une énorme partie de l'expérience humaine - presque tout ce que l'on qualifierait de subjectif. En ce qui concerne le cerveau, le filtrage neuronal a lieu dans tous les modèles, qu'ils soient scientifiques, artistiques, psychotiques ou religieux. Le cerveau est un processeur de données, et non un miroir de la réalité. Le cerveau opère dans le temps et l'espace, avec des pensées linéaires qui sont le point final d'un processus de filtrage sélectif. Donc, tout ce qui est en dehors du temps et de l'espace est inconcevable, et la réalité non filtrée ferait probablement exploser les circuits du cerveau, ou serait simplement effacée[4].

Malgré cette explication, les questions liées à la conscience demeurent le problème le plus difficile de la science. De nombreuses questions fondamentales ne sont pas encore résolues et les réponses semblent hors de portée des modèles scientifiques connus. On espère cependant que les efforts combinés de la physique quantique, de la biologie, de la cosmologie et des neurosciences permettront de déterminer en termes scientifiques le rôle que la conscience joue dans l'Univers.

Il existe une autre approche qui peut accélérer considérablement le développement de notre compréhension de la conscience et de son

---

[3] "Perceived Reality, Quantum Mechanics, and Consciousness," S. Kak *et al.*, (inclus dans *Consciousness Became the Universe, 2nd edition*, Science Publishers, Middletown, DE, 2017, p. 16).
[4] *Ibid.*

rôle dans l'Univers et dans la vie humaine. Mais tout d'abord, examinons le cadre dans lequel la science moderne fonctionne.

Contrairement à une opinion largement acceptée, la science est en fait basée sur une croyance. Le principal moteur de la science est la conviction qu'il n'y a pas besoin d'intervention extérieure. Par conséquent, les efforts scientifiques se concentrent en ce moment sur une théorie par laquelle l'Univers serait complètement autonome, sans limites ni frontière, et n'aurait ni commencement ni fin. Il n'y a donc aucun besoin d'aucune sorte de créateur. En d'autres termes, la science vise à dé-créer la source de la création.

La science estime que l'Univers et la vie humaine peuvent s'expliquer par une théorie unique basée sur des mathématiques avancées. De plus, on pense que le modèle mathématique ultime doit être esthétiquement satisfaisant. C'est pourquoi les modèles et théories scientifiques sont initialement proposés pour des raisons esthétiques. Il est assez intéressant qu'un aspect de la beauté joue un rôle si important en sciences. D'une certaine manière, la simplicité d'une formule mathématique qui contient une richesse intellectuelle incroyable est fortement attrayante - tout comme une œuvre d'art profonde. Formulées au 19ème siècle, les équations de Maxwell peuvent servir de bon exemple d'un tel art :

$$\Box E = 0$$
$$\Box B = 0$$

Ces quelques symboles semblables à des griffonnages contiennent toute la connaissance de l'électromagnétisme classique. Aucune peinture ni sculpture n'est capable d'exprimer la profondeur de la richesse intellectuelle contenue dans ces quelques symboles graphiques. Bien sûr, il faudrait apprendre la signification de ces symboles et se familiariser avec les règles de leur fonctionnement pour apprécier pleinement les connaissances « secrètes » qui s'y cachent. Pour une personne qui n'est pas familière avec cet art, ces griffonnages n'ont ni sens ni importance.

Avant de proposer un modèle esthétiquement plaisant, les scientifiques font une série d'hypothèses et d'approximations qui sont ensuite ajustées pour correspondre à l'ensemble de données expérimentales disponibles. Habituellement, ces modèles durent un certain temps, jusqu'à ce que le développement d'une instrumentation de plus en plus précise aboutisse à de nouvelles données. Alors, les modèles sont corrigés, ajustés, de nouvelles constantes sont introduites et un nouveau modèle est élaboré. Et ainsi de suite.

C'est cette croyance en des formes esthétiquement agréables qui constitue le modus operandi de toute l'entreprise scientifique. Parfois, comme les sectaires religieux, les scientifiques sont tentés de manipuler leur propre doctrine. Il y a un épisode intéressant qui illustre bien cette tendance. L'un des corollaires de la théorie du Big Bang est l'idée que le temps a un commencement. Ce concept semble indiquer une sorte d'intervention divine. Lorsque l'Église catholique se saisit du Big Bang et, en 1951, le déclara officiellement conforme à la Bible, un groupe de physiciens de premier plan paniqua[5]. Ce fut comme un éclair menaçant tombé du ciel ! Un certain nombre de tentatives furent lancées pour éviter de conclure qu'il y avait eu une sorte de grand boom. Le modèle alternatif qui obtint le plus large soutien au sein de la communauté scientifique s'appelait la théorie de l'état stationnaire. Cette théorie était basée sur l'idée que l'Univers est à peu près identique à lui-même à tout moment et en tout point de l'espace. Cependant, des observations ultérieures contredirent cette idée et la théorie de l'état stationnaire fut abandonnée.

Les scientifiques aiment comparer le processus de création de la vie à une situation où une horde de singes taperait sur des machines à écrire pendant une longue période. La plupart de ce qu'ils écrieraient serait incompréhensible, mais, par pur hasard, l'un d'eux taperait l'un

---

[5] *A Brief History of Time*, Stephen Hawking (Bantam Books, New York, 1988, p. 46).

des sonnets de Shakespeare. Un tel sonnet équivaudrait au développement au sein d'une galaxie d'une planète où les conditions seraient propices à l'apparition d'organismes complexes qui se reproduiraient d'eux-mêmes, comme nous, et qui seraient capables de se poser la question : pourquoi sommes-nous ici ? Cet exemple souvent utilisé avec de pauvres singes passe à côté d'un point important. En effet, comme il n'y a pas de lien logique entre les permutations alphabétiques et le sens sublime d'un sonnet, comment un tel sonnet saurait-il qu'il est un sonnet ?

Le modèle actuellement proposé par la science n'a pas encore donné de réponses satisfaisantes aux questions : l'homme a-t-il, par accident, été surdimensionné et doté de facultés dont il n'a pas vraiment besoin pour survivre ? Ou, est-ce un indice intentionnel indiquant que les humains sont capables de développer différents types de facultés nécessaires pour remplir une fonction cosmique ?

L'approche scientifique doit être basée sur des faits connus et vérifiables, des expériences répétables et une préférence pour des données plutôt que pour des opinions. Pour être approuvées, les données doivent être confirmées par d'autres expériences réalisées dans les mêmes conditions. Les résultats doivent être reproduits quel que soit l'état d'esprit de l'expérimentateur. En d'autres termes, une expérience doit fournir exactement les mêmes résultats, qu'elle soit exécutée par un sage ou par un fou.

Cette approche exclut de son domaine les données et informations obtenues par certaines personnes qui accèdent à des états de conscience élevés. C'est à travers ceux-ci qu'il est possible de surmonter le voile qui bride l'esprit et de briser les limites de l'espace et du temps. Ces types de données sont considérés comme étant des expériences « mystiques » qui, par définition, ne constituent pas des informations fiables. Dans la compréhension populaire, le mysticisme est basé sur des croyances. En tant que tel, il n'est pas scientifiquement valide. Pourtant, c'est le mysticisme qui offre cette autre approche qui pourrait accélérer considérablement le développement de notre compréhension de la conscience et de son rôle dans l'Univers et dans la vie humaine.

Contrairement à l'opinion populaire, les mystiques ne sont pas guidés par des croyances parce que leurs connaissances sont acquises par l'expérience. Dans ce contexte, le terme « mystiques » n'est pas vraiment un terme adéquat. En réalité, les mystiques sont des « artisans », dont le métier et l'expertise sont dans le domaine de la conscience. Ils connaissent et appliquent les lois qui régissent l'Univers et la vie. Ils s'apparentent donc davantage à des techniciens et ingénieurs, dont le travail est de préserver un *environnement* dont ils ont la charge. Alors que la science continue à découvrir et à apprendre, les mystiques ont déjà acquis une connaissance complète. De temps en temps, ils doivent mettre à jour leurs méthodes et techniques en fonction du temps et des lieux dans lesquels ils vivent.

Il existe une autre différence entre les approches scientifique et mystique. À savoir, dans l'approche scientifique, l'état de conscience de l'observateur est nécessairement exclu. Dans le cas du mysticisme, seul un observateur dont l'esprit a été libéré de ses attachements matériels est capable de fournir des données adéquates. C'est cette exigence qui a créé une barrière qui empêche la science d'accéder à des données mystiques significatives. De cette façon, l'exploration scientifique de l'Univers s'est coupée d'un réservoir substantiel d'informations. Cependant, cette situation devrait maintenant pouvoir changer en raison du développement de la théorie quantique. Cette théorie a introduit un ensemble entièrement nouveau de termes et de concepts qui semblent faire écho aux expériences mystiques. Par conséquent, le moment est peut-être venu de revoir l'ensemble des données mystiques et de les exprimer dans le nouveau langage de la physique et de la cosmologie moderne.

Des données mystiques ont été recueillies sur une période de plusieurs milliers d'années. Ce type d'informations, s'il était accepté, fournirait plusieurs indices cruciaux qui pourraient accélérer considérablement l'efficacité de l'exploration actuelle et future de l'Univers. L'expérience sous-jacente des mystiques indique qu'il existe des couches de l'esprit humain qui sont capables d'accéder à des niveaux de conscience élevés. Alors que la science s'est limitée au niveau le plus bas de la conscience de l'homme, ces niveaux supérieurs de conscience ouvrent des possibilités d'expériences génératrices de connaissances. La difficulté avec certaines de ces expériences mystiques est qu'elles sont décrites en langage elliptique et symbolique, soit par manque de terminologie adéquate, par mesure de sécurité, ou encore pour empêcher qu'elles ne soient mal utilisées ou abusées par les ignorants et les cupides. Les données mystiques peuvent prendre la forme de textes sacrés, de traités philosophiques, de poésies ou de contes, de structures architecturales ou de jardins. Ces formes permettent aux gens d'absorber des idées que les schémas ordinaires de leur pensée les empêcheraient de digérer. Ces formes ont été utilisées pour présenter une image de la réalité plus en harmonie avec les besoins intérieurs des gens que ce qui est possible par le biais de discours intellectuels. Toutes ces formes sont l'expression d'une réalité vécue plutôt que des explications satisfaisantes intellectuellement et esthétiquement. C'est pourquoi elles peuvent sembler contradictoires ou exagérées. Cependant, lorsque ces expériences sont alignées avec la capacité de perception de l'auditoire, elles deviennent tout à fait cohérentes et fournissent des informations significatives sur la structure profonde de l'esprit humain.

Sir Roger Penrose, un physicien mathématicien anglais, a conclu son best-seller, *The Emperor's New Mind*, avec ce qu'il a appelé « une vue d'enfant »[6]. Cette vue est un ensemble de questions fondamentales que les enfants n'ont pas peur de poser alors que les adultes sont gênés de le faire. Ce sont des questions du genre : « Qu'arrive-t-il à chacun de nos flux de conscience après notre mort, où étaient-ils

---

[6] *The Emperor's New Mind*, Roger Penrose (Oxford University Press, New York, 1989, p. 447).

avant notre naissance, pourrions-nous devenir ou avoir été quelqu'un d'autre, pourquoi pouvons-nous percevoir quoi que ce soit, pourquoi sommes-nous ici, pourquoi y-a-t-il un univers ici dans lequel nous sommes ? » À la fin de son livre de 466 pages sur la science, la conscience, l'intelligence artificielle, la physique quantique et la cosmologie, Penrose admet sincèrement qu'il n'est pas en mesure de trouver de réponses convaincantes à ces questions « enfantines ».

Voyage à travers la conscience cosmique vise à fournir des informations de base qui devraient permettre d'aborder ces questions « enfantines ». Les informations fournies sont basées sur les expériences des mystiques mais sont exprimées dans le langage de la physique quantique et de la cosmologie moderne.

L'essence de la beauté

> Ô combien la beauté semble plus belle,
> Par ce doux ornement que la vérité donne …
> *(William Shakespeare)*

L'oiseau jardinier mâle fait partie de l'une des espèces d'oiseaux les plus complexes sur le plan comportemental. On pense qu'il appartient à la famille des oiseaux de paradis. C'est un oiseau de taille moyenne, atteignant 25 cm de long, avec un plumage orange flamme et jaune doré, des plumes du cou longues et une queue noire à pointe jaune. Il doit son nom à la structure extraordinaire de ses tonnelles. On peut l'appeler l'oiseau *Architecte*.

Voici des extraits d'un article consacré à la beauté spectaculaire et à la complexité des tonnelles que cet oiseau crée. « Comment la beauté pousse les scientifiques à repenser l'évolution » a été publié par Ferris Jabr dans le *New York Times Magazine* :

> Un oiseau jardinier mâle flamboyant est une créature d'une beauté extraordinaire. La teinte de son plumage passe graduellement d'un rouge incandescent à un jaune soleil. Mais ce rayonnement n'est pas suffisant pour attirer une compagne. Lorsque les mâles de la plupart des espèces d'oiseaux jardiniers sont prêts à courtiser, ils entreprennent de construire une tonnelle, qui est un assemblage de brindilles, en forme de flèche, de couloir ou de cabane. Ils décorent leurs tonnelles avec des dizaines d'objets colorés, comme des fleurs, des baies, des coquilles d'escargots ou, s'ils sont à proximité d'une zone urbaine, des capsules de bouteilles et des couverts en plastique.

Certains oiseaux jardiniers organisent même les articles de leur collection du plus petit au plus grand, formant un chemin qui les rend, ainsi que leurs bibelots, d'autant plus attirants pour une femelle - une illusion d'optique connue sous le nom de perspective forcée que les humains n'ont pas perfectionnée avant le 15ème siècle[7]. ...

L'oiseau jardinier va à l'encontre des hypothèses traditionnelles sur le comportement des animaux. Voici une créature qui passe des heures à organiser minutieusement une collection merveilleuse, regroupant ses trésors par couleur et forme. Voici une créature qui construit avec son bec quelque chose de beaucoup plus sophistiqué que de nombreux exemples célèbres de fabrication d'outils par des animaux. Les brindilles dénudées que les chimpanzés utilisent pour extraire les termites de leurs monticules pâlissent en comparaison. La tonnelle de l'oiseau jardinier, comme l'a soutenu au moins un scientifique, n'est rien de moins que de l'art. Quand on considère chaque élément de sa séduction - les costumes, la danse et la sculpture - cela évoque un concept cher au compositeur allemand Richard Wagner: Gesamtkunstwerk, une œuvre d'art totale, qui mélange de nombreuses formes différentes et stimule tous les sens.

Cette extravagance est également un affront aux règles de la sélection naturelle. Les adaptations sont censées être utiles - c'est là tout l'intérêt - et les créatures les plus réussies devraient être celles qui sont les mieux adaptées à leur environnement

---

[7] Ce style de fausse perspective est devenu connu en architecture sous le nom de maniérisme. Le maniérisme a été conçu pour démontrer les imperfections de nos sens physiques. Par exemple, cela se fait en créant une rue avec une perspective artificielle qui la fait paraître plus large et plus longue, ou en utilisant du plâtre comme imitation de marbre. Ce style d'architecture a pris toute son importance grâce à Giulio Romano, un architecte maniériste, peintre et sculpteur italien. Giulio Romano est devenu connu en Angleterre grâce à Shakespeare (voir V.2 de *Le conte d'hiver*, où il est expliqué comment Romano est capable de « priver la nature de son ouvrage, tant il l'imite parfaitement ».)

particulier. Quelle est, alors, la justification évolutionnaire de l'étalage ostentatoire de l'oiseau jardinier ? Non seulement les plumes colorées et les constructions élaborées de l'oiseau jardinier manquent de valeur évidente en dehors de la parade nuptiale, mais elles compromettent également sa survie et son bien-être général, dépensant de précieuses calories et le rendant beaucoup plus visible à ses prédateurs. …

Les philosophes, les scientifiques et les écrivains ont essayé de définir l'essence de la beauté depuis des milliers d'années. La pluralité de leurs efforts illustre l'immense difficulté de cette tâche. La beauté, ont-ils dit, est harmonie, bonté, une manifestation de la perfection divine, un type de plaisir, tout ce qui provoque l'amour et le désir[8]. …

Il semble que le règne animal ne soit pas motivé uniquement par la sélection naturelle. En plus de la survie, il existe une autre impulsion tout aussi forte et importante. Cette autre impulsion est … la beauté. Les animaux, tout comme les scientifiques, trouvent tout simplement certaines caractéristiques esthétiques attrayantes. Quelle est l'origine et le but d'une structure intérieure si profonde du cerveau de l'animal ? Quelle est la raison de cette énigme de beauté ? Se pourrait-il que quelque chose ait mal tourné avec le processus de création pour qu'il se soit retrouvé avec des fonctionnalités qui indiquent clairement une conception surdimensionnée ?

Ou peut-être que la *beauté* est une forme de l'acte d'observation entre observateur et observé ?

Pour bien comprendre cela, nous devons aller au-delà du début de toutes choses.

---

[8] "How Beauty is Making Scientists Rethink Evolution," Ferris Jabr (*The New York Times Magazine*, January 9th, 2019).

Un trésor caché

Le cœur purifié est un trésor de lumière divine, bien que son talisman soit terrestre.
(Jalaluddin Rumi)

Avant le commencement, l'Absolu était entièrement plongé dans la contemplation de lui-même. Il n'y avait rien sauf l'Un. Cet état de singularité englobait des qualités infinies de beauté et de perfection. C'était comme un trésor incroyablement précieux mais non découvert. L'Absolu était inconnu.

À un moment donné, l'Absolu conçut le désir d'« être connu ». Il souhaita avoir un témoin de cette beauté immaculée et de cette perfection imperturbable. Pour que le trésor soit pleinement apprécié, il lui faudrait être exposé sur un arrière-plan tout à fait inférieur. Ceci se reflète dans le dicton : « Cela fait partie de la perfection de l'être d'avoir des imperfections. » Un tel arrière-plan fournirait un contraste, permettant aux qualités de beauté et de perfection de se manifester dans toute leur splendeur de multiplicité et de variété. Puis, il faudrait un témoin parfait qui serait capable de comprendre et d'apprécier la grandeur d'une telle expérience. Seul l'Absolu lui-même peut remplir pleinement la fonction de témoin parfait. En témoignant de lui-même hors de lui-même, le processus de synthèse de la réalisation de soi serait achevé. C'est à ce moment-là que l'idée de création fut conçue. L'un des dictons de Mahomet les plus cités décrit ce concept de création :

> J'étais un trésor caché,
> et Je souhaitais être connu,
> J'ai donc créé une création.

Cette déclaration englobe tout le but de la création et nous fournit des indices qui, s'ils étaient compris, pourraient définir une orientation pour l'exploration scientifique actuelle et future de l'Univers.

C'est alors que l'Absolu envisagea l'Univers avec ses galaxies, ses soleils et ses planètes comme arrière-plan nécessaire à l'exposition du trésor. Dans l'Univers, la Terre serait choisie pour fournir un environnement à l'hébergement d'un véhicule dans lequel l'Absolu se placerait. En d'autres termes, l'Absolu descendrait jusqu'aux niveaux les plus bas de la création et y laisserait un échantillon de lui-même. Ce véhicule unique est l'humanité. C'est ainsi que l'homme, une poignée de poussière, allait devenir l'hôte de cette expérience des plus rares. Ensuite, l'homme serait chargé d'une entreprise incroyablement difficile. Il aurait à reconnaître l'objectif global de son être puis le réaliser en conséquence. En d'autres termes, l'homme devrait partager avec l'Absolu la réalisation du souhait : « Je souhaitais être connu ». Ce n'est qu'alors que la boucle de la réalisation de soi serait complétée.

Il est assez étonnant que les physiciens, guidés par la beauté et l'esthétique des équations mathématiques, aient pu envisager que « l'observateur, l'observé et l'acte d'observation sont imbriqués », c'est-à-dire découvrir le principe de création et le rôle de l'observateur.

L'unicité de l'Absolu était l'état avant le début du processus de création. La création est le processus qui rend existantes des idées préexistantes. Cela peut être comparé à la réalisation de structures qui ont d'abord été conçues sous forme de schémas ou de dessins.

Comme le processus fut dirigé de l'extérieur de l'état physique, il est impossible de le décrire en utilisant des équations mathématiques. Par conséquent, une approche différente est nécessaire pour transmettre ce type de connaissances. À savoir, certains aspects du processus et le rôle de l'homme dans celui-ci ont été illustrés en utilisant des symboles et des allégories.

Les symboles mystiques ne sont que des approximations et des fragments de la structure globale. Isolés, tout comme les équations de Maxwell, ils peuvent sembler être dénués de sens. Ils sont comme des points déconnectés répartis dans un espace vide. Cependant, ils sont distribués selon un certain schéma qui peut être perçu si l'on apprend à atténuer le bruit généré par les réflexes intellectuels et les réactions émotionnelles. On peut alors être en mesure de repérer et de connecter ces points. En les reliant, on commence à voir des motifs émerger. C'est par l'expérience de ces motifs que la connaissance est transmise, car la familiarité avec les éléments des mondes invisibles, quelle que soit la manière dont elle est produite, permet à l'esprit de l'individu d'opérer dans un domaine supérieur.

Le Macrocosme

Car là où est le commencement sera la fin.
(*Évangile selon Thomas*)

Les mots « Je souhaitais être connu » sont la manifestation de l'Absolu qui conduisit à la création. Cette manifestation définit la première étape de la création dans laquelle l'Absolu se présente comme Essence Pure (« Je »), Volonté (« souhaitais »), et Intellect Pur (« être connu »). L'*Essence Pure* englobe la divinité elle-même. La *Volonté* est une identification inconditionnelle avec l'objectif de connaître. L'*Intellect Pur* est investi de la connaissance de l'Essence et du processus de connaissance. L'Essence Pure, la Volonté, et l'Intellect Pur sont les trois piliers originaux de toute la création. Dans la plupart des écritures, ces trois piliers sont appelés la triplicité originelle. Ils forment la Source, la couche cosmique la plus élevée. C'est à travers cette triplicité originelle que l'Absolu a initié le processus de création.

Ces trois piliers s'appliquent à l'Absolu. Eux seuls sont capables de rendre existants les mondes invisibles et visibles. Cependant, ils ne suffisent pas à eux seuls à produire l'effet souhaité par « Je souhaitais être connu ». Pour que le plan de l'Absolu se réalise, il faut qu'il y ait, de la part de l'observateur, une reconnaissance du mode de triplicité correspondant à son niveau, qui devait être situé dans les strates les plus basses de la création. Cela signifie que la structure interne de l'observateur devrait également être basée sur la triplicité.

Le but de la création ne peut être réalisé que si les deux triplicités, celle de l'Absolu et celle de l'observateur, coïncident. En d'autres termes, ce qui est produit en réponse à l'impulsion créatrice surgit par son propre acte, et non par l'acte de l'Absolu seul. C'est la loi ultime de la création. C'est cette loi qui, dans sa forme matérialiste simplifiée, a été découverte par les physiciens comme une nouvelle vision d'un univers quantique où l'observateur, l'observé et l'acte d'observation sont imbriqués.

La triplicité originelle de la création pénètre à travers les différentes couches des mondes invisibles et visibles. Elle est transmise et distribuée via un champ de conscience universelle. Le champ de conscience est une substance unique qui, à divers degrés de raffinement, imprègne toute la création. C'est à travers ce champ que la perfection, la majesté et la beauté universelles se manifestent dans tous les mondes.

Conformément au plan, l'observateur est situé dans les régions de conscience les plus reculées. Par conséquent, il était nécessaire d'établir une infrastructure qui permettrait de contenir un si grand gradient de conscience. La structure globale est appelée le Cosmos. La partie supérieure (plus subtile) de cette infrastructure est constituée de mondes invisibles, c'est-à-dire de mondes qui ne sont pas perceptibles par les sens physiques. Cette partie du Cosmos est appelée le Macrocosme. La partie inférieure du Cosmos est appelée l'Univers, c'est-à-dire le monde physique. Cette partie inférieure est perceptible par les sens physiques.

Le Cosmos comprend les mondes qui ont été formés à partir de la Source par plusieurs atténuations du champ de conscience. Les strates suivantes furent formées :

- le monde des idées,
- le monde des symboles,
- une zone intermédiaire, et
- le monde des objets phénoménaux.

La *Source* contient la triplicité originelle de la création.

Le monde des *idées* contient la multiplicité des aspects qui constituent la triplicité originelle.

Les *symboles* sont les idées exprimées en formes.

Les *objets* phénoménaux sont les manifestations physiques des formes symboliques.

La *zone intermédiaire* sépare le visible de l'invisible.

Le champ de conscience descend en cascade de la Source et, ce faisant, façonne le monde des idées. Le monde des idées est la seconde strate du Macrocosme, juste en dessous de la Source. Il opère en dehors de l'existence. C'est là que l'ensemble des idées et concepts primordiaux apparurent. On peut imaginer les idées et les concepts comme des centres au sein de la couche la plus fine du champ de conscience universelle. Ces centres constituent les éléments d'une matrice qui contient tous les attributs et aspects possibles de l'essence, de la majesté et de la beauté.

Les différents centres du monde des idées forment de multiples sous-couches. Ils ne sont pas « un », ils sont « nombreux ». Chacune de ces sous-couches a son propre nom. Ces noms en décrivent les divers attributs et aspects. Ils sont comme les reflets d'un objet dans une multiplicité de miroirs. Dans un sens, tous ces noms ont une existence indépendante uniquement en vertu de l'idée générale. Le fait même de leur multiplicité ouvre la possibilité de défauts. Leur multiplication les expose à d'éventuelles imperfections. Cela entraîna l'apparition de certains états défectueux parmi les centres de la perfection absolue. Malgré ces défauts, le monde des idées doit servir dans son intégralité de modèle actif pour les mondes inférieurs.

La chute en cascade du champ de conscience conduisit à la projection du monde des idées sur un niveau plus grossier. La strate sous le monde des idées est appelée le monde des symboles ou le monde des images exemplaires. Les divers aspects et attributs de chacun des centres du monde des idées furent projetés dans le monde des symboles en une multiplicité de formes. Comme le monde des idées, le monde des symboles se compose de nombreuses sous-couches. Les symboles sont nécessaires, car les idées et les concepts originaux ne peuvent être perçus au sein des limites du monde physique. Ils sont trop subtils pour apparaître dans le monde inférieur des phénomènes.

Au fur et à mesure que le champ descendit en cascade, son degré de subtilité fut discrètement atténué. Par conséquent, le monde des symboles est moins subtil que le monde des idées. Cette descente en cascade ne signifie pas sortir de la zone de conscience la plus subtile. C'est un peu comme une couche plus grossière entrelacée dans un tissu plus fin. Les deux mondes sont entrelacés et se pénètrent mutuellement. Cette fonctionnalité s'applique à tous les mondes, visibles et invisibles. Ils sont tous tissés en une sorte de tapis multicouche. La différence entre les mondes réside dans leur finesse et non dans leur emplacement.

Le monde des symboles opère en dehors des limites du temps ordinaire. Les formes de tout ce qui peut exister sont inhérentes au monde des symboles, avant même leurs concrétisations. C'est comme la capacité humaine de visualiser une action souhaitée dans l'esprit avant que cette action ne se manifeste dans le monde extérieur. On peut dire qu'une forme cachée dans le monde des symboles est exactement la même que sa réflexion dans le monde des phénomènes. Les objets du monde physique sont les images et les reflets des formes du monde des symboles.

Les symboles représentent toutes les potentialités de tous les états, genres, relations et formes possibles du monde physique en entier. Les symboles sont utilisés pour projeter les divers aspects et attributs du monde des idées sur le monde visible. C'est à travers les symboles que les qualités de l'Absolu, sous leurs formes voilées, peuvent se manifester dans le monde physique où elles sont associées à diverses formes de beauté et de perfection physiques.

Les différentes couches du Macrocosme transcendent les perceptions des sens physiques et de l'imagination. Bien que subtile, la force du champ de conscience est si puissante qu'elle anéantirait toute trace de matière. Par conséquent, il n'y a aucune possibilité d'existence de matière à ces niveaux et le Macrocosme est donc au-delà des limitations d'espace, de temps et d'existence. Pourtant, conformément aux expériences des mystiques, le Macrocosme contient le modèle original de l'ensemble du monde physique et de l'esprit humain. En d'autres termes, le Macrocosme détient le schéma de toute la création, de son début à sa fin :

> Quand vous voyez votre reflet, vous êtes heureux. Mais lorsque vous verrez vos images qui ont vu le jour avant vous et qui ne meurent ni ne deviennent visibles, combien vous pourrez endurer !
> *(Évangile selon Thomas, 84)*

Bien sûr, le modèle mystique de la structure cosmique n'est qu'une approximation exprimée au moyen d'allégories et de symboles. Même si l'expérience des mystiques ne peut pas être vérifiée par les critères de la science matérialiste, elle vaut la peine d'être étudiée car elle fournit des indications sur la structure globale du monde physique.

Le monde des symboles est séparé du monde phénoménal par une zone intermédiaire qui est comme un voile qui entoure tout l'Univers. Il rend le Macrocosme imperceptible aux sens physiques. La science a reconnu la présence d'une telle zone intermédiaire et identifié sa fonction comme étant de voiler la réalité. Comme indiqué dans le premier chapitre, « ce qui est en dehors du temps et de l'espace est inconcevable, et la réalité non filtrée ferait probablement exploser les circuits du cerveau ».

La Source, le monde des idées et le monde des symboles forment le Macrocosme, c'est-à-dire les mondes intelligibles qui sont au-delà de l'existence physique. Parfois, les différentes strates du Macrocosme sont appelées « cieux ».

L'étape suivante du processus de création est réalisée lorsque le monde des symboles est projeté à travers la zone intermédiaire sur la couche inférieure suivante. De nouveau, la subtilité du champ de conscience est atténuée discrètement alors que celui-ci descend en cascade sur la forme la plus grossière de sa manifestation : le monde physique. Cette atténuation est de nature qualitative. Elle est nécessaire pour permettre la descente progressive de la conscience jusqu'au monde le plus bas.

Le monde physique (l'Univers) occupe la position la plus basse au sein de la structure cosmologique. L'Univers et chacun de ses constituants sont tous entrelacés au sein du Macrocosme. Ils sont perméatés par les différentes couches du champ de conscience universelle. Cela signifie que l'Univers entier, y compris toutes les formes de matière et de vie, constitue la couche la plus grossière du champ de conscience qui est entrelacée dans des couches plus fines de conscience plus subtile. C'est en ce sens que le Cosmos est un gradient de conscience et sur ce gradient le monde physique occupe un niveau bas.

C'est à travers les différents niveaux du champ de conscience universelle que le monde physique est lié à sa source originelle. Ceci est évoqué dans l'Évangile selon Jean par la phrase suivante :

Au commencement était le Mot[9]
(Jean, 1:1)

Le « Mot » est un symbole. Ce symbole particulier (le Mot) apparut dans le monde des symboles. Si le « Mot » fut formulé dans le monde des symboles, il a dû avoir son origine dans le monde des idées. Y a-t-il des indications qui nous permettraient de savoir quelle était cette idée ?

Il s'avère qu'il existe une telle indication. Elle est exprimée dans le verset coranique appelé « le cœur du Coran ». Le verset s'intitule Ya Sin. Ya et Sin sont deux lettres de l'alphabet arabe (Y et S). Ces deux lettres indiquent le lien entre « Le Mot » et son précurseur dans le monde des idées. Ce lien a été expliqué par Hakim Sanai, un poète persan du 12ème siècle, dans le verset suivant :

De *Kaf* et *Nun*, comme une perle précieuse,
Il a fait de l'œil une bouche remplie de *Ya Sin*[10].

Les mystiques ont leur propre langage qu'ils utilisent pour communiquer leurs expériences. Leur langage est basé sur le système *abjad*. Dans le système abjad, les lettres de l'alphabet ont une signification numérique. Par conséquent, une phrase mystique peut être traduite en un nombre et vice-versa. De cette manière, il est possible de décrire les liens entre les idées (phrases), les symboles

---

[9] Note du traducteur : « Mot » est une traduction littérale de l'anglais « Word » ou du grec « Logos » - les traductions françaises habituelles sont « Verbe » ou « Parole ».
[10] *The Walled Garden of Truth,* Hakim Sanai; traduit par David Pendlebury (The Octagon Press, London, 1974, p. 56).

(mots) et les choses. Les mystiques utilisent ce système pour transmettre leurs expériences des relations entre le monde physique et les mondes invisibles.

Ce système est souvent utilisé dans la poésie arabe et persane. Certaines fables et histoires sont écrites dans le code abjad. Bien que l'abjad soit inhérent à la structure de la langue arabe, certains exemples simplifiés de son application peuvent être traduits dans d'autres langues. On trouve ainsi quelques exemples de son application dans la poésie anglaise[11].

Selon le système abjad, les lettres *Ya* et *Sin* sont équivalentes aux lettres *Kaf* et *Nun* (K, N). Les lettres *Kaf* et *Nun* forment le commandement primordial de Dieu : « Sois ! »[12]. Ce commandement est exprimé dans le verset coranique :

Sois, et cela est !
(Coran, 36:82)

Dans le contexte du couplet de Sanai, l'« œil » indique le précurseur et l'initiateur du « Mot ». L'« œil », la conscience au niveau du monde des idées, reconnaît « une perle précieuse » (« le trésor caché »). À ce niveau, le trésor caché est sans forme. Ensuite, cette idée est transmise au monde des symboles, où elle prend la forme du « Mot ». Ce mot est : « Sois ». Du monde des symboles, il devient le monde physique (« Sois, et cela est ! »).

---

[11] Shakespeare connaissait ce système. Il l'utilisa dans l'épisode avec Scarus d'*Antoine et Cléopâtre* et dans la dédicace des *Sonnets*.
[12] Les lettres *K* and *N* forment la racine du mot *kun* (sois).

Ceci est l'un des exemples de la complémentarité de la Bible et du Coran. Cette relation reste cependant cachée si l'on se limite à une interprétation littérale des écritures.

Le commandement « Sois ! » déclencha l'événement que les physiciens modernes ont appelé le Big Bang. Le Big Bang est la manifestation du monde physique sorti de l'invisible, comme la lumière qui sort de l'obscurité. Cela est mentionné dans la *Genèse* comme l'apparition du jour hors de la nuit :

> Et Dieu dit, Que la lumière soit : et la lumière fut.
> Et Dieu vit que la lumière était bonne : et Dieu sépara la lumière des ténèbres.
> Et Dieu appela la lumière jour, et il appela les ténèbres nuit. Et le soir et le matin constituèrent le premier jour.
> *(Genèse 1: 3-5)*

Ce fut la première étape (« le premier jour ») du processus menant à l'apparition de l'Univers. Ce fut le début de tout ce qui existe dans le monde physique.

L'intention d'« être connu » conduisit à la création du monde physique. C'est cette intention qui fut le moteur de tout le processus. Le monde physique devait fournir un environnement dans lequel le joyau (« la perle précieuse ») pouvait être caché. Il devait être caché en étant voilé par les multiples couches du monde des idées et des symboles. Dans l'ordre des choses, l'homme devait être l'hôte du « joyau » caché en lui-même. Encore une fois, il faut garder à l'esprit que ces différentes couches ne sont pas des lieux, mais sont les différents états de l'esprit humain.

Les différentes couches du Macrocosme correspondent aux différents niveaux d'une conscience supérieure. Pour atteindre le Macrocosme, l'homme doit surmonter les limites de l'espace et du temps. Par conséquent, l'homme s'est vu accorder certains moyens qui lui permettent de franchir ces limites et de s'acquitter correctement de son obligation d'évolution. Cependant, ces moyens ont été donnés à l'homme sous leurs formes latentes. On peut dire que ces « dispositifs » sont voilés. Les voiles forment une barrière, c'est-à-dire une zone intermédiaire. C'est l'existence de cette zone intermédiaire qui a été identifiée par les scientifiques comme « le principe de non-localité voilée ». La zone intermédiaire sépare les mondes invisibles du monde physique. Dans son état naturel ou ordinaire, l'homme est incapable de surmonter cette barrière qui ne peut être surmontée que par des efforts dirigés et conscients. L'activation et le développement de ces dispositifs latents sont une étape cruciale de l'ensemble du processus. C'est en ce sens que l'homme est le maillon le plus vulnérable de toute la structure cosmologique. C'est ce défi qui déterminera le sort de l'humanité.

L'Univers a été créé comme une coquille dans laquelle l'humanité devait prendre existence. En nous familiarisant avec les différentes strates cosmiques, nous pouvons obtenir des indices sur la structure de l'esprit humain. En d'autres termes, les différents niveaux de développement des couches internes de l'esprit humain sont des reflets du Macrocosme.

Le point

> La géométrie attirera l'âme vers la vérité et créera l'esprit de la philosophie.
> *(Platon)*

C'est la fin de l'été 2013 à Trieste, une ville italienne au bord de la mer adriatique. Une des sessions de la Conférence internationale sur la supersymétrie et l'unification des interactions fondamentales est en cours. La conférence est consacrée à de nouvelles idées en physique des hautes énergies.

> Nous sommes à l'intérieur d'une salle de conférence magnifique[13]. Nima Arkani-Hamed, physicien théorique américano-canadien, est sur scène devant le public. Il porte une chemise bleu foncé pendant librement à l'extérieur de son pantalon court. Il marche à un rythme régulier d'un côté de la scène à l'autre, puis il se retourne et repart. Comme un pendule oscillant sur la scène, il répète inlassablement ses mouvements. Derrière lui, il y a un grand écran. Sur l'écran, il y a des images bizarres. Elles ressemblent à des gribouillis, remplies de flèches, de polygones, de nombres, de cercles et d'autres formes et courbes non clairement définies. Chaque fois qu'il passe devant l'écran, une nouvelle pièce est ajoutée à l'image précédente et un nouveau gribouillis apparaît. Pour un observateur externe, il ressemble à un homme qui construit

---

[13] *The Amplituhedron* (https://www.youtube.com/watch?v=q4Dj8fq30sk).

une nouvelle structure incroyablement sophistiquée, tout comme la tonnelle de l'architecte, l'oiseau de paradis. À chaque passage, il apporte une nouvelle brindille à sa « tonnelle ». Mais cette structure est placée dans un espace multidimensionnel et prend la forme d'une figure géométrique très élaborée. Les caractéristiques les plus élémentaires de la réalité, qui peuvent être obtenues grâce aux mathématiques, sont encodées dans son volume. Elles s'appellent « amplitudes de diffusion ». Elles représentent la probabilité que, lors d'une collision, un certain ensemble de particules se transforme en d'autres particules spécifiques. Au lieu des équations mathématiques traditionnelles, cette figure géométrique multidimensionnelle semblable à un cristal représente un opérateur sophistiqué. Cet opérateur est l'une des dernières structures construites intellectuellement qui pourraient représenter « l'âme » de la matière.

***

Les scientifiques pensent que l'origine de toute chose peut être décrite adéquatement par un ensemble de relations mathématiques complexes qui peuvent se réduire à une seule équation. Une telle équation serait exprimée sous la forme suivante :

$$\{\}\Psi = 0$$

Le symbole $\{\}$ est un opérateur qui englobe toutes les fonctions mathématiques Ψ nécessaires pour décrire toutes les relations entre les forces unifiées et l'ensemble complet des particules les plus élémentaires. Tout ce qui existe sera inclus et déterminé par l'opérateur {}.

Les mathématiques fonctionnent comme un opérateur qui permet d'exprimer des « choses » sous forme de symboles. Les « choses » sont quantifiables. Par conséquent, elles sont toujours égales à un nombre. De cette façon, il est possible de décrire les relations quantitatives entre les « choses » dont les propriétés sont représentées par des nombres. C'est pourquoi, d'un côté de l'équation, il y a un « 0 ». Le « 0 » indique que tous les effets et toutes les choses ont été inclus, pris en compte et équilibrés.

L'opérateur {} reste inconnu. Il n'a pas encore été découvert. Il est possible qu'au lieu d'un ensemble de longues formules mathématiques, l'opérateur prenne la forme d'une « tonnelle » géométrique multidimensionnelle sophistiquée. Le trouver et le formuler constitue le but ultime de la science. On pense que quand il sera trouvé, alors tout sera connu sur l'Univers et sur la vie. L'opérateur est le point central derrière l'idée de « la théorie du tout » - un cadre théorique hypothétique de fonctions qui vise à expliquer et à relier ensemble tous les aspects physiques de l'Univers. La « théorie du tout » est la machine ultime de prédiction - une seule équation dont tout découle. Bien que les scientifiques excluent la « divinité » de leur recherche, ils aiment souvent faire référence à un facteur divin. Dans ce cas particulier, ils croient que l'opérateur {} pourrait être un substitut de « l'esprit de Dieu ».

***

Alors que les scientifiques ont concentré leurs efforts sur la façon dont le monde physique a vu le jour, les mystiques se sont penchés sur les événements qui se sont produits avant l'apparition du monde physique. Ils ont regardé vers le Macrocosme. Ils ont travaillé avec une formule équivalente à l'équation « tonnelle » ci-dessus. Dans le langage symbolique des mystiques, cette formule s'exprime sous la forme suivante :

> Je suis ça je suis[14]
> (*Exode: 3-14*)

La partie gauche de la formule, « Je suis ça », englobe le monde physique tout entier. Cette partie est l'équivalent de l'équation « tonnelle ». La partie restante de l'expression « je suis » indique l'effet de la présence de l'Absolu. Selon les mystiques, « je suis » est le facteur qui maintient le Cosmos en équilibre. Sans cela, la formule serait incomplète. Le Cosmos tout entier est la manifestation simultanée des deux états, « Je suis ça » et « Je suis ». À chaque instant, ces deux états déterminent l'état complet du Cosmos.

Cette formule devient plus évidente dans sa version coranique :

> Pas de Dieu mais Dieu[15]
> (*Coran, 47:19*)

---

[14] Note du traducteur : traduction littérale de l'anglais « I am that I am » qui est plus proche de l'hébreu d'origine que la traduction française habituelle.

[15] Note du traducteur : traduction littérale de l'anglais « No God but God » qui est plus proche de l'arabe d'origine que la traduction française habituelle.

Dans le Coran, le monde physique est appelé « Pas de Dieu ». Comme dans l'expression biblique, le monde physique est maintenu en équilibre par « Dieu ».

Maintenant, il est facile de comprendre la position dans laquelle la science s'est placée. Elle ne s'intéresse qu'au côté gauche de la formule mystique. Dans ce contexte, l'approche scientifique peut s'exprimer par l'équivalence suivante :

$$(\text{Je suis ça}) \equiv 0$$

Cette équivalence exclut la présence de l'Absolu. C'est comme un oiseau avec une seule aile. Un tel oiseau ne peut pas voler. Bien qu'équilibrée dans le monde phénoménal, la formule est incomplète dans le contexte de l'ensemble du Cosmos. Il lui manque un facteur clé.

Comme la science, les religions ne se concentrent que sur un côté de ces formules. Elles s'occupent du côté droit, c'est-à-dire de « Dieu ». Dans l'approche religieuse, l'homme, en tant que participant actif au processus créatif, est négligé.

Les mystiques, en revanche, ont pris en considération toute la séquence de la formule. Ils ont réalisé que le secret de la création et le but de la vie ne peuvent pas être exprimés de manière adéquate par des nombres. Ils peuvent cependant être indiqués par des allégories et des symboles.

Les mystiques ont remarqué qu'il manque intentionnellement quelque chose dans ces formules bibliques et coraniques. Ce « quelque chose » est nécessaire pour renforcer l'équilibre, la symétrie et la beauté de ces expressions. Ils ont donc concentré leur attention sur cet élément manquant. Ils ont ainsi pu percevoir qu'il y avait un « point » caché au milieu de cette expression apparemment paradoxale :

Pas de Dieu mais Dieu

C'est ce « point » caché qui fusionne le visible et l'invisible. Tout comme le point au milieu du symbole de l'infini :

$$\infty$$

Le côté gauche de l'expression mystique s'applique au monde physique. Le côté droit représente le Macrocosme. Le « point » est comme une porte cachée qui mène du monde des phénomènes au Macrocosme.

Le « point » est une indication symbolique de la façon dont le profane et le sacré, le scientifique et le mystique, le sensuel et le visionnaire, l'imaginaire et le réel se mélangent toujours ensemble. Dans ce contexte, le « point » peut être considéré comme un opérateur. Cet opérateur invisible fournit un cadre permettant à l'homme de développer son esprit afin qu'il devienne capable de découvrir le fonctionnement des mondes invisibles. Ce n'est qu'en faisant l'expérience des mondes invisibles qu'il est possible de trouver des réponses satisfaisantes aux questions sur le but de l'Univers et de la vie humaine.

Le système abjad peut aider à décoder plus avant la signification du « point ». La racine arabe du mot « point » (NQT) contient les trois lettres Q, N et T. Ces lettres sont équivalentes au nombre 159 (100,

50, 9). Le nombre 159 est aussi la somme de (40 + 5 + 50 + 4 + 60). Ces nombres sont équivalents à un ensemble de consonnes (M, H, N, D et S). Ces lettres forment la racine du mot *muhandis* qui signifie « architecte »[16]. Ainsi, le mot « point » est un symbole indiquant « architecte ». Si l'on étend cette signification au concept de l'Architecte Primordial, un aspect de l'Absolu, alors le « point » acquiert une fonction dynamique qui permet de passer du monde physique aux mondes invisibles des symboles et des idées. Il indique le point de départ du voyage vers l'Absolu. C'est là que commence le *voyage* qui mène à « l'au-delà ».

Le système abjad est considéré comme étant un précurseur des mathématiques. La différence est que les mathématiques ne peuvent pas effectuer d'opérations sur des nombres infinis. Tous les symboles mathématiques appartiennent au monde des phénomènes. Par conséquent, les mathématiques ne peuvent pas être appliquées aux relations au sein du Macrocosme : les mathématiques sont limitées au monde physique. Avec le système abjad, cependant, il est possible de le faire. Par exemple, le « point » au milieu du paradoxe ne marque pas seulement le chemin de l'invisible. Il transmet également une partie de la méthodologie de développement. À savoir, prises séparément, les deux lettres (Q, N) du mot « point » signifient « méditation profonde ». Pour atteindre « l'au-delà », il faut concentrer son attention sur le « point ». C'est là que le secret intérieur peut être vécu. Ceci est indiqué par la troisième lettre (T) qui signifie « connaissance intérieure ». En d'autres termes, le « point » indique non seulement la destination finale du voyage mais donne aussi des instructions sur la façon de le commencer. Il débute par une « méditation » qui mène à la « connaissance intérieure ». Cette dernière s'acquiert par le développement des couches intérieures de l'esprit. En développant ces couches, connues sous le nom de facultés intérieures, on peut arriver en présence de l'Architecte Primordial.

---

[16] *The Sufis*, Idries Shah (The Octagon Press, London, 1964, p. 372).

Pour les mystiques, le « point » marque le début du voyage et aussi sa destination finale. Il indique le but de la vie. En fait, il marque le début d'une nouvelle vie. Sa fonction est illustrée dans de nombreuses histoires et fables par une grotte magique avec des trésors, un cheval magique qui monte au ciel, un génie dans une bouteille, un anneau qui ouvre la porte d'un royaume magique, etc., etc. Dans ce contexte, le « point » est l'équivalent mystique de l'opérateur universel recherché par les physiciens. Mais il y a une grande différence entre ces deux « opérateurs ». L'opérateur scientifique doit être formulé dans le langage des mathématiques. Le « point », pour être fonctionnel, doit être vécu. Bien sûr, il faut être familier avec le concept global et les idées qui sont cachés sous cette représentation symbolique apparemment triviale. Tout comme dans le cas des équations de Maxwell, pour une personne qui n'est pas familière avec cette « science », ce symbole n'a ni sens ni importance.

D'une certaine manière, ce « point » a été imprimé dans la nature dans des créatures telles que l'oiseau de paradis et sa magnifique tonnelle. Dans ce contexte, l'oiseau jardinier a été surdimensionné. Il n'a pas besoin d'embellir sa tonnelle, il ne peut tout simplement pas s'empêcher de le faire. Cependant, son activité peut aider l'homme à commencer à se poser la question : pourquoi l'oiseau fait-il cela ? Et c'est la seule justification pour l'existence de l'oiseau et de sa tonnelle. La fixation de l'oiseau de paradis sur la beauté est une indication de la vérité cosmique inhérente au monde physique. La beauté physique n'est qu'une trace de la perfection cosmique. Elle est un rappel omniprésent que, tout comme le cerveau de l'oiseau, l'esprit humain dans son état ordinaire naturel est attiré par elle mais est incapable de percevoir pleinement sa signification. En limitant son attention aux manifestations physiques de la beauté et en concentrant ses efforts à leur reproduction, on se détourne de l'intention primordiale qui est le moteur principal de la vie humaine. Tôt ou tard, ce type de beauté disparaît, il est périssable. Cependant, contrairement au cerveau de l'oiseau, l'esprit humain peut surmonter ses limites. Il peut être préparé à aller au-delà de la perspective illusoire de la réalité et à percevoir le sens qui est codé dans la beauté naturelle.

La science, tout comme l'oiseau de paradis, est motivée par une beauté intuitivement détectée et par la perfection des forces qui dominent la matière. Elle ressent une attirance surprenante vers elle, et elle est contrainte à la reproduire en utilisant l'appareil qu'elle a développé, c'est-à-dire les mathématiques. En ce sens, l'approche scientifique est une copie de l'oiseau de paradis et de sa fixation avec sa « tonnelle » - car elle tente de « priver la nature de son ouvrage »[17]. En conséquence, la science finit par être comme l'oiseau, enfermée dans une construction et une décoration sans fin - une activité spectaculaire mais stérile sur le plan du développement. Cette situation est illustrée dans le conte « Zaky et la colombe » :

IL Y AVAIT un homme nommé Zaky. En raison de ses capacités et de son potentiel, un certain maître - le Khaja - décida de l'aider. Ce Khaja assigna une créature subtile aux pouvoirs spéciaux pour s'occuper de Zaky et l'aider à chaque fois qu'elle le pourrait.

Au fil des années, Zaky constata que ses affaires prospéraient. Il ne s'imagina pas que les avantages qu'il recevait lui étaient entièrement dus et il commença à remarquer une certaine coïncidence dans les événements.

À chaque fois que ses affaires étaient sur le point de bien aboutir, il observa une petite colombe blanche visible quelque part à proximité.

Le fait était que le préposé subtil, malgré ses pouvoirs, devait être à une certaine distance de Zaky pour pouvoir faire son travail. Malgré ses capacités remarquables, il avait dû prendre une forme pour se matérialiser dans la dimension actuelle. La colombe était la forme qu'il avait adoptée comme étant la plus

---

[17] Voir Note #7.

appropriée.

Mais Zaky n'associa les colombes qu'avec la chance, et la chance avec les colombes.

Il commença donc à élever des colombes, à donner de la nourriture à toutes les colombes qu'il voyait, et à faire broder des colombes sur ses vêtements.

Il s'intéressa tellement aux colombes que tout le monde le considérait un expert sur le sujet. Mais ses affaires, matérielles et autres, cessèrent de prospérer, car sa concentration avait été détournée de l'intention vers la manifestation, et l'être subtil sous la forme d'une colombe dût se retirer pour éviter de devenir la cause de sa ruine[18].

Le monde physique est façonné conformément au schéma du Macrocosme. Le champ de conscience est la force motrice de tout le processus. Dans le monde physique, cette force motrice se manifeste par une multiplicité de formes. Au fil des siècles, ces différentes formes ont été progressivement découvertes comme lois de physique et règles de mathématiques. Ces lois et règles ont permis de formuler les différentes théories et modèles de l'Univers. Dans ce contexte, on peut considérer les lois de la physique et des mathématiques comme des projections maniéristes des principes résidant dans le monde des symboles. Le monde des symboles contient le modèle entier du monde physique et c'est ce modèle que la science tente de décoder. En d'autres termes, une telle tentative essaye d'atteindre le monde des symboles via l'intellect ordinaire, une tâche impossible. Les lois de physique formulées par la science sont en réalité des éléments biaisés et fragmentés de la matrice qui opère dans le monde des symboles. Le biais des lois de physique est comme « l'asticot dans la pomme » dans le conte « La pomme céleste » :

---

[18] "Zaky and the Dove" inclus dans *The Magic Monastery*, Idries Shah (The Octagon Press, London, 1981, p. 72).

Ibn-Nasir était malade et, bien que les pommes fussent hors saison, il en désirait une.

Hallaj tout à coup produisit une pomme.

Quelqu'un dit : « Cette pomme contient un asticot. Comment un fruit d'origine céleste pourrait-il être ainsi infesté ? »

Hallaj expliqua :

« C'est justement parce qu'il est d'origine céleste que ce fruit a été infecté. Il ne l'était pas à l'origine, mais quand il est entré dans cette demeure d'imperfection, il a naturellement été contaminé par la maladie qui est caractéristique de ce lieu[19]. »

C'est pourquoi la familiarisation avec le Macrocosme fournit des indices importants qui pourraient guider la science et les scientifiques dans leurs tentatives de description du modus operandi de l'Univers. Il est intéressant de constater que certaines des découvertes les plus récentes de la théorie quantique sont des reflets partiels mais précis des expériences mystiques. En tant que telles, elles permettent d'exprimer certaines des expériences mystiques dans le langage de la science moderne. Même si le mode d'acquisition des « données » mystiques n'est pas acceptable pour la science, les expériences mystiques pourraient servir de références utiles aux découvertes scientifiques les plus récentes. De plus, les « données » mystiques pourraient aider à rendre la science plus efficace en indiquant des directions vers des approches et des cibles plus adéquates.

C'est pour cette raison que la science rationnelle devrait utiliser la base de données mystique en tant que source d'informations pertinentes nécessaires à une poursuite efficace et significative de l'exploration de la vie et de l'Univers.

---

[19] "The Celestial Apple" inclus dans *The Way of the Sufi*, Idries Shah (The Octagon Press, London, 1980, p. 256).

L'oscillateur cosmique

> Si vous voulez découvrir les secrets de l'Univers,
> pensez en termes d'énergie, de fréquence et de vibration.
> *(Nikola Tesla)*

Lorsque le champ de conscience universelle descendit en cascade du monde des symboles, il forma une barrière qui devint la zone intermédiaire entre le monde des symboles et le monde physique. Dans cette zone intermédiaire, il y a une dégradation majeure du champ de conscience. L'Univers devait se former dans les zones de conscience les plus grossières.

Le concept du monde physique fut d'abord formé dans le monde des idées. Ensuite, le modèle de l'Univers dans son entier apparut dans le monde des symboles. Il contenait toutes les possibilités de tout ce qui a jamais existé, pourrait exister ou existera dans l'Univers. Dans le monde des symboles, le modèle apparut tout d'abord comme un « point », c'est-à-dire un point *non dimensionnel*. Projeté du monde des symboles sur le mode de conscience le plus grossier, le « point » acquit une dimension. L'Univers devait naître de ce point *unidimensionnel*. La projection du « point » dans le point unidimensionnel correspond à la transformation des plus bas degrés de conscience en matière : elle marqua la naissance de la matière. Cet événement est devenu connu sous le nom de Big Bang.

Selon la science moderne, l'Univers a été créé par le Big Bang. Bien que le modèle actuel du Big Bang soit encore à un stade hypothétique, il offre jusqu'à présent la meilleure approximation disponible pour aider à saisir le concept global de la création de l'Univers.

Avant le Big Bang, l'Univers entier était contenu dans le point unidimensionnel. Ce point unidimensionnel est le niveau le plus bas de toute la création cosmique. Son apparition marqua l'achèvement de la partie descendante de la boucle de création.

Les limites du futur Univers devaient se manifester dans le monde phénoménal par l'apparition d'un médium que la science appela espace-temps. L'espace-temps en entier devait être enfermé entre ce point unidimensionnel et la zone intermédiaire. En d'autres termes, la région du champ de conscience entre le point unidimensionnel et la zone intermédiaire détermina les limites du futur Univers. Les conditions étaient prêtes pour le début de la partie ascendante de la boucle. Le Big Bang marqua le début de l'ascension, la première étape de l'ascension vers l'Absolu. Il n'est pas étonnant que les humains soient si fascinés par cet événement.

La première phase de l'ascension peut être appelée la création mécanique. Bien que conçu et mis en œuvre divinement, il s'agissait strictement d'un processus « mécanique ». L'espace, le temps et la matière furent les produits de la première phase de la création mécanique. Le processus était limité par un certain nombre de restrictions imposées à l'espace, au temps et à la matière. Ces limites étaient dictées par le but général de l'Univers, qui était de fournir des conditions suffisantes pour la réalisation du potentiel évolutionnaire qui était investi dans l'humanité. Plus tard, les restrictions d'espace, de temps et de matière furent progressivement découvertes comme des lois de physique.

La taille de l'espace fut déterminée de manière à assurer des conditions suffisantes pour l'apparition et la sauvegarde de la vie. La matière détermina la quantité d'énergie brute nécessaire pour créer et maintenir la vie. Le temps fut déterminé de telle manière qu'il suffirait à l'accomplissement de la fonction de l'homme.

La matière se forma à l'intérieur des degrés de conscience les plus bas. Ce fut le niveau de conscience le plus bas qui a conduit à la formation des minéraux, de la végétation et des animaux.

La masse nécessaire à la formation de l'Univers entier fut investie dans le point unidimensionnel. En conséquence, la densité et la courbure de ce point unidimensionnel étaient infinies. Un tel point est un exemple de ce que les mathématiciens appellent une singularité. Toute théorie mathématique s'écroule à ce point. Cela signifie que les mathématiques ne peuvent être appliquées aux événements qui précèdent le Big Bang[20]. La science tente uniquement de comprendre ce qui s'est passé depuis le Big Bang. En ce qui la concerne, les événements antérieurs au Big Bang n'ont aucune conséquence sur ses modèles.

Comme décrit par la célèbre équation d'Einstein ($E = mc^2$), la masse est équivalente à l'énergie. Par conséquent, l'énergie totale de tout l'Univers était confinée dans ce point singulier. De ce fait, ce point devint infiniment chaud et éclata formant les précurseurs infinitésimaux des particules élémentaires de la matière. Cela marqua la naissance de l'Univers. Ce fut aussi le début de l'espace, du temps et de la masse. L'espace-temps-matière définit les limites du monde matériel.

En tentant de construire un modèle de l'Univers, les scientifiques arrivèrent à la conclusion que toutes les particules sont en fait des ondes. Par conséquent, tout dans le monde physique, y compris l'Univers lui-même, a sa propre fonction d'onde et sa propre probabilité. Cela signifie que nous vivons dans un monde de possibilités quantiques. Selon la théorie quantique, la probabilité d'un événement n'existe que s'il y a « quelqu'un » pour l'observer et le vivre. Alors seulement, la fonction d'onde peut s'effondrer et se

---

[20] Il est intéressant de se rendre compte que ce n'est pas une doctrine philosophique mais simplement la limitation des mathématiques qui impose à la science une croyance en un Univers complètement autonome.

manifester sous forme de particule. C'est l'une des lois fondamentales de la physique quantique. Il semble en quelque sorte évident que le principe divin « d'observateur » soit codé dans les lois régissant la matière physique. Ce qui est extraordinaire, cependant, c'est le fait que cette loi ait été découverte par la science moderne et soit devenue l'un des éléments fondamentaux de la physique quantique.

La théorie quantique implique que pour que l'Univers se manifeste, il doit y avoir un observateur qui peut l'observer afin d'effondrer sa fonction d'onde. Bien sûr, aux premiers stades de l'Univers, il n'y avait « personne » dans l'Univers pour observer ce qui se passait. Par conséquent, les fonctions d'onde des particules initiales ne pouvaient pas s'effondrer. L'Univers ne pouvait pas voir le jour[21]. Cela indique clairement qu'un « observateur » devait exister dans les zones supérieures de conscience, c'est-à-dire en dehors des limites espace-temps-matière. Ceci est conforme à la règle $(X + 1)$ qui stipule que l'acte « d'observation » d'un niveau X doit effectivement être exécuté par un observateur agissant au sein du niveau de conscience $(X + 1)$ ou plus haut. Cette règle reflète le fait que le Cosmos est un gradient de conscience. Par conséquent, un homme ordinaire ne peut effondrer par un acte d'observation que les fonctions d'onde des photons et des particules élémentaires. Il ne peut pas effondrer sa propre fonction d'onde. Pour que l'homme apparaisse, un « observateur » au niveau du Macrocosme est nécessaire.

L'Univers a été créé pour que l'homme puisse remplir sa fonction évolutionnaire. L'ensemble du système est conçu de telle manière que les actions de l'homme se reflètent dans les différentes strates cosmiques. Cela implique que le système global est dynamique et change. Les changements qui résultent des actions de l'homme sont reflétés au sein du Macrocosme. À leur tour, ces changements sont projetés dans le monde physique. En d'autres termes, il existe une

---

[21] C'est à ce point que la *boucle d'auto-cohérence* proposée par la science (discutée au premier chapitre) s'écroule.

rétroaction active entre le monde physique et les mondes invisibles. Cela signifie que l'Univers est continuellement mis à jour. Un tel état dynamique de l'Univers est mentionné dans les écritures. Le Psaume 33 fait allusion à ce fait :

> Par la parole du Seigneur, ont été faits les cieux;
> Et par le souffle de sa bouche, tous leurs hôtes.
> *(Psaume, 33:6)*

Ce Psaume implique que l'Univers avec ses galaxies, ses étoiles et ses planètes a été créé par le souffle du Seigneur.

Jami, un poète persan du 15ème siècle, approfondit ce concept. Dans *Les jaillissements de Lumière*, il déclare que l'Univers est maintenu par la « respiration » :

> Cet Univers est constitué d'accidents appartenant tous à une substance unique, qui est la Réalité sous-jacente à toutes les existences. Cet Univers change sans cesse à chaque instant et à chaque respiration. À chaque instant un Univers est anéanti et un autre qui lui ressemble prend sa place[22].

À chaque instant, l'Univers est anéanti et un autre qui lui ressemble prend sa place. À chaque « respiration », il nait, meurt et nait de nouveau. Son expansion et sa contraction ont lieu au même moment. Cela suggère que l'Univers, en tant que partie du Cosmos, n'est pas

---

[22] *Flashes of Light*, Nurudin Jami; traduit par E.H. Whinfield et Mirza Kazvini (Royal Asiatic Society, London, 1906, p. 42).

permanent. Il est constitué d'une séquence « d'accidents ». Il est en constant changement, se renouvelant à chaque « respiration ». À chaque instant, l'Univers disparaît et est remplacé par un nouvel Univers. Comme ces successions sont rapides, le spectateur est trompé et croit que l'Univers a une existence permanente :

> À chaque instant, le monde se renouvelle, et nous ne sommes pas conscients qu'il se renouvelle car il reste le même en apparence.
> *(Mathnawi, I, 1144)*

À chaque « respiration », l'Univers est complètement effacé et remodelé en un nouvel Univers. Un nouvel Univers est né. Cet effacement et ce remodelage se font simultanément. C'est ainsi que les changements au sein de l'Univers et du Macrocosme se transmettent instantanément de l'un à l'autre. En d'autres termes, la « respiration » permet d'établir et de maintenir un lien entre le monde physique et les mondes invisibles. À chaque nouvelle « respiration » ce lien se renouvelle. Nous pouvons maintenant réaliser que, par la « respiration », l'Univers et les différentes strates du Macrocosme sont en permanence enchevêtrés. C'est pourquoi il est nécessaire que l'Univers soit simultanément effacé et remodelé en un nouvel Univers.

Il est très intéressant de noter qu'une telle caractéristique du comportement de l'Univers a été confirmée par la physique moderne. Elle est liée à la découverte de l'effet d'enchevêtrement quantique qui, à juste titre, a été nommé par Einstein « une action fantôme à distance ». L'enchevêtrement (ou intrication) quantique permet à un certain nombre de particules de se comporter de façon identique, indépendamment de la distance qui les sépare. Les actions réalisées sur l'une d'entre elles semblent influencer instantanément les autres. Cela se passe sans aucune communication physique. En d'autres termes, grâce à l'enchevêtrement, il est possible de transférer instantanément des propriétés clés d'un système à un autre. Cependant, cet effet ne peut se produire que lorsque ces systèmes (particules) sont corrélés d'une manière très spécifique. Des appareils quantiques, appelés intricateurs quantiques, produisent des particules enchevêtrées en les « expirant » en même temps. De cette façon, elles acquièrent une cohérence interne. Elles s'enchevêtrent[23]. Ce fut probablement le premier exemple où la combinaison d'un concept mystique et de recherches théoriques a conduit à la naissance d'un nouveau domaine de technologie moderne : la photonique quantique. La photonique quantique fournit la base du développement des communications quantiques, des dispositifs de téléportation, de la cryptographie quantique et des ordinateurs quantiques.

Dans ce contexte, l'Univers entier peut être comparé à un oscillateur géant. Il oscille entre son état initial de point unidimensionnel et son état de champ d'ondes contenant l'Univers entier avec ses galaxies, étoiles et planètes. À tout moment, l'Univers ne révèle que la partie de lui-même qui est dans les limites des possibilités existantes. En d'autres termes, nous sortons d'un vieil Univers et entrons dans le nouvel Univers qui est statistiquement le plus probable.

Chaque nouvel Univers est légèrement différent du précédent. Il est différent parce qu'il croît. Il croît conformément au modèle en cours de projection depuis le monde des symboles. Sa croissance est indiquée par deux caractéristiques : l'amplitude des oscillations et la composition des structures physiques nouvellement apparues (telles que les supernovae, les trous noirs, les naines blanches, les géantes rouges, etc., etc.). L'amplitude des oscillations définit la taille de

---

[23] *Applied Microphotonics*, W. Jamroz, *et al.*, (CRC - Taylor & Francis, Boca Raton, FL, 2006, p. 284).

l'Univers. La variété des structures qui apparaissent marque sa maturité. L'Univers augmentera jusqu'à ce qu'il atteigne sa maturité.

Dans le cadre de la structure cosmologique globale, les apparitions et disparitions d'univers sont le reflet de changements au sein du monde des symboles. Il n'y a rien dans le monde phénoménal qui n'ait sa forme originelle dans le monde des symboles. En d'autres termes, toute la séquence temporelle doit être conforme au schéma construit au sein du Macrocosme. Cela signifie que le sort de l'Univers était déterminé avec précision avant même que celui-ci ne devienne existant.

L'Univers est comme un organisme corporel placé temporairement à l'intérieur du Macrocosme incorporel. Dans l'Univers, le temps a un présent, un passé et un futur. Au niveau du Macrocosme, ces trois états ne sont en réalité qu'un. Le monde des symboles est en dehors des limites du temps ordinaire. Un symbole contient toute la séquence de développement des formes qui apparaissent dans le monde physique. Lorsqu'un symbole est projeté dans le monde physique, ses multiples manifestations physiques se déploient partiellement dans l'espace-temps. Ce déploiement partiel se manifeste comme une série de naissances et de décès physiques des versions séquentielles de ce symbole particulier :

Chaque forme que vous voyez a son archétype dans le monde sans lieu.
Si la forme périt, peu importe, car son origine est éternelle[24].

---

[24] *Divan-e Shams-e Tabrizi*, Jalaluddin Rumi; traduit par R.A. Nicholson (Ibex Publishers, Inc., Bethesda, MD, 2001, p. 47).

Au cours de leur existence physique, les versions déployées sont ajustées selon leur modèle original dans le monde des symboles. À chaque instant, chaque forme physique doit être remodelée pour s'adapter progressivement à son symbole d'origine.

***

Le champ de conscience universelle crée l'Univers matériel. Il définit les limites de l'espace-temps physique. Ce champ n'est pas statique. Il oscille et se dilate selon la « respiration » du Cosmos. En raison des limites spatio-temporelles, les oscillations sous forme d'ondes sont réfléchies d'un côté à l'autre. Par conséquent, elles forment un ensemble d'ondes stationnaires. Dans des limites fixes, une onde stationnaire est une onde dont l'amplitude est stable et ne bouge pas. Les emplacements où l'amplitude de l'onde stationnaire a son minimum sont appelés nœuds, et les emplacements où l'amplitude a son maximum sont appelés ventres. Les ondes stationnaires se reflétant de la limite de l'espace-temps forment différents motifs. Ainsi l'ensemble du champ de conscience est divisé en régions délimitées le long de lignes nodales. Les tailles, les formes et les emplacements des régions sont déterminés par les limites de l'espace-temps et la « fréquence » des oscillations. Lorsque la fréquence des oscillations augmente, des motifs plus sophistiqués apparaissent. Ces motifs sont des moules pour diverses formes de matière.

L'ensemble du processus est similaire à la formation de motifs de Chladni[25]. En mécanique quantique, les figures de Chladni (« motifs nodaux ») ont aidé à trouver les solutions de l'équation de Schrödinger, une équation différentielle qui décrit la fonction d'onde

---

[25] Nommés d'après Ernst Chladni (1756 – 1827), physicien et musicien allemand.

d'un système de mécanique quantique. Les mathématiques décrivant les figures de Chladni ont été utilisées pour arriver à la compréhension des orbitales électroniques. C'est ce processus qui a permis de réaliser que la matière peut apparaître soit comme une particule, soit comme une onde.

Dans le cas du champ de conscience universelle, chacune des régions nodales contient un modèle des formes et propriétés complémentaires de « choses ». L'apparition de la matière est le résultat de l'effondrement de ces différents motifs nodaux. La présence de matière physique est la confirmation de l'existence de limites spatio-temporelles. Ces limites sont nécessaires pour former les motifs nodaux. Sans elles, la matière ne pourrait pas se former.

D'après les théories classiques de cosmologie, le Big Bang eut lieu il y a environ 13,8 milliards d'années. Au début, l'énergie physique fut captée par le premier ensemble de régions nodales dans la zone la plus basse du champ de conscience. Lors de la capture de l'énergie, les régions nodales les plus simples s'effondrèrent et formèrent les particules élémentaires, la première couche physique de la matière. Les formes et les propriétés de ces particules furent déterminées par leurs modèles correspondants dans le monde des symboles. En d'autres termes, la matrice du monde des symboles a agi comme l'« observateur » de l'Univers. Le tout premier Univers fut formé. On estime que cet Univers initial se forma dans la première picoseconde (un billionième de seconde) après le Big Bang. Cette période est appelée l'époque Planck. Les physiciens pensent qu'à cette époque, les quatre forces physiques fondamentales qui façonnent notre Univers, à savoir la gravité, l'électromagnétisme, les forces nucléaires faibles et les forces nucléaires fortes étaient combinées et constituaient une force unifiée[26]. Une seconde après le Big Bang,

---

[26] Inventer un modèle d'une telle force unifiée singulière est peut-être le plus grand objectif des physiciens théoriciens d'aujourd'hui. En réalité, cependant, les forces fondamentales étaient unies au sein de leur source d'origine qui était placée dans le monde des symboles, c'est-à-dire en dehors du monde physique. Elles sont apparues comme des forces multiples lorsqu'elles ont été projetées dans l'espace-

l'Univers contenait principalement des photons, des électrons, des protons et des neutrons. Ces particules sont devenues les éléments constitutifs des atomes et des molécules.

Ensuite, une seconde série d'oscillations dans la zone la plus basse du champ de conscience fut initiée. Ces oscillations se superposèrent aux premières. Le chevauchement conduisit à des régions nodales plus sophistiquées. Cette fois, les régions nodales de la conscience formèrent les modèles des plus petits atomes. On estime que ce deuxième enclenchement s'est produit environ cent secondes après le Big Bang. C'est alors que les protons et les neutrons ont commencé à se combiner pour produire les noyaux des plus petits atomes. L'hydrogène et le deutérium virent le jour. Ce sont les premiers éléments et les plus simples. Ils sont les précurseurs de l'ensemble des éléments chimiques.

L'augmentation suivante de la fréquence des oscillations du champ de conscience eut lieu environ 3 minutes plus tard. C'est alors que les protons et les neutrons furent fusionnés en éléments plus lourds, principalement des isotopes d'hélium. Quelques heures après le Big Bang, la production d'hélium et autres éléments cessa. Pendant environ quatre cent mille ans, l'Univers continua à se développer jusqu'à ce qu'il devienne suffisamment froid pour que les atomes libèrent des photons. Ces premiers photons peuvent encore être détectés aujourd'hui. Ils constituent le fond diffus cosmologique. Ce fond diffus cosmologique est le plus ancien vestige du Big Bang jamais observé.

Ensuite, alors que les fréquences d'oscillation du champ de conscience augmentèrent à nouveau discrètement, un nouvel ensemble de régions nodales avec des structures plus avancées se forma. Cette fois, ces nouveaux « compartiments » portaient les formes d'atomes plus lourds. Leur formation et leur apparence

---

temps. C'est pourquoi il sera difficile aux physiciens de construire un modèle précis d'une seule force fondamentale.

suivirent un schéma spécifique qui fut découvert par certains scientifiques puis transcrit sous la forme du tableau périodique. À nouveau, au fur et à mesure que les fréquences des oscillations du champ augmentaient, les régions nodales nouvellement formées constituèrent des « pièges » pour des molécules et des composés plus élaborés. En d'autres termes, le champ oscillant de conscience universelle fournit les modèles pour le monde physique tout entier, avec ses galaxies, ses étoiles et ses planètes. Le Soleil se forma il y a environ cinq milliards d'années à partir d'un nuage de gaz en rotation. Les éléments les plus lourds du nuage furent piégés dans les zones nodales qui fournirent les modèles pour les planètes en orbite autour du Soleil. La Terre était l'une de ces planètes.

L'Univers observable actuellement est contenu dans une fraction de la zone la plus basse du champ de conscience universelle. La région de ses oscillations s'étend du point initial à sa taille actuelle. La limite de la taille de l'Univers n'est pas encore détectable aujourd'hui car l'Univers est toujours en expansion.

Toute la zone du champ de conscience le plus bas avec ses régions nodales peut être comparée à un puzzle en forme de boîte multidimensionnelle. Chaque région nodale de la boîte puzzle est comme un compartiment vide. À chaque nouvelle « respiration », de nouvelles pièces voient le jour en s'effondrant dans les compartiments disponibles. Cela signifie qu'à chaque respiration, seule une fraction de la boîte est remplie. C'est cette partie de l'Univers qui est observable. À la respiration suivante, à mesure que l'espace-temps se dilate, plus de particules et de composés sont disponibles et plus de compartiments sont remplis. Ce processus se poursuivra jusqu'à ce que tous les compartiments soient entièrement occupés. À ce moment futur, l'Univers atteindra sa maturité.

La boîte puzzle est la projection physique de l'Essence Pure. Le champ de conscience environnant peut être considéré comme « l'âme » de l'Univers. Toutes les choses créées sont le résultat d'un échange entre les deux principes d'essence et de conscience. Ils sont fortement attirés l'un vers l'autre : « l'âme » reconnaît la beauté de « l'essence ». Quand ils sont unis, une nouvelle forme naît. On peut considérer la boîte puzzle, le champ de conscience environnant et les choses créées comme une forme physique de la triplicité originelle.

Il serait difficile d'imaginer la forme d'une telle boîte, et en particulier celle de ses compartiments internes. Leurs formes sont le résultat d'interactions assez sophistiquées entre une série d'ondes stationnaires et les limites spatiales et temporelles de la boîte. Cependant, de nouveaux développements en physique théorique peuvent nous aider à mieux saisir la forme d'une telle boîte. À savoir, comme cela a été décrit précédemment, les amplitudes de certaines collisions de particules peuvent être codées dans le volume d'un objet géométrique cristallin. Les caractéristiques les plus élémentaires du monde physique qui peuvent être calculées sont encodées dans ce volume. Elles représentent la probabilité qu'un certain ensemble de particules se transforme en certaines autres particules lors d'une collision. C'est sous cette sorte de forme que les compartiments sont constitués dans la zone la plus basse du champ universel de conscience. De tels compartiments attireraient les couches de matière les plus élémentaires. Des couches plus complexes, telles que les atomes et les molécules, seraient attirées par des formes plus sophistiquées. Nous pouvons imaginer que l'Univers entier peut être représenté par une énorme structure vivante cristalline avec un schéma intérieur multidimensionnel incroyablement sophistiqué.

***

L'étape cruciale de la création fut initiée au moment de l'apparition de l'humanité. Ce fut la fin de la création mécanique (involontaire). L'apparition de l'humanité fut régie par les mêmes lois que dans le cas de l'Univers, des lois conformes aux statistiques des possibilités quantiques. L'humanité correspond à la zone nodale la plus élevée de l'Univers. La probabilité de formation d'une telle zone est extrêmement faible, si faible qu'elle ne permet qu'une seule occurrence. Cette zone est confinée à la planète Terre. Cette fréquence particulière du champ de conscience n'apparaît nulle part ailleurs dans l'Univers. Elle est unique et spécifique à la Terre.

L'objet de la création de l'Univers était de fournir les conditions nécessaires à l'apparition de l'humanité. Si la boîte puzzle était une sorte de carte universelle, l'apparence de l'homme serait indiquée par un emplacement spécifique sur cette carte. Le fait est que l'homme apparut sur la carte avant que la boite ne soit remplie, c'est-à-dire avant que la carte ne soit dessinée en entier. Néanmoins, les lois de physique statistique exigent que toute la boîte soit complètement remplie avant que l'Univers n'entre dans sa phase de déclin. C'est pourquoi l'expansion de l'Univers ne s'est pas arrêtée avec l'apparition de l'homme. (Cela peut être comparé à l'achat du billet gagnant dans une loterie. Le fait que le billet gagnant ait été acheté ne met pas fin à la vente des billets. C'est la vente des billets restants qui déterminera la valeur finale du billet gagnant.) Cette période supplémentaire fournit une certaine mesure de sécurité, une marge d'erreur. Compte tenu des caractéristiques naturelles de l'homme, il était fort probable qu'il ne se conformerait pas complètement à son obligation d'évolution et qu'il ne serait pas en mesure de réaliser son potentiel dans le délai minimum prescrit. Après tout, le processus n'aurait aucun sens si un certain degré de libre arbitre n'était pas garanti. Dans ce contexte, les possibilités quantiques disponibles sont une mesure du libre arbitre de l'homme.

Le schéma cosmique global doit tenir compte à la fois de la causalité et du libre arbitre. La causalité, c'est-à-dire le phénomène de cause à effet au niveau de l'homme ordinaire, est le champ d'action de la Volonté de la Source. Tout ajustement au plan évolutionnaire se manifeste au niveau de l'homme ordinaire comme une série d'opportunités entrelacées qui apparaissent à différents endroits et à différents moments. Mais c'est à l'homme de choisir. Il n'y a aucune garantie que l'homme s'acquitte correctement de sa fonction dans le délai imparti.

À un moment donné, cependant, quel que soit l'état évolutionnaire de l'homme, toutes les possibilités de la boîte puzzle seront remplies. À ce moment, l'Univers commencera à disparaître. En commençant par les structures les plus complexes, tout commencera à disparaître dans le néant. Toute matière se désintégrera. L'Univers est né, se développe et s'estompera progressivement.

La question se pose : l'humanité parviendra-t-elle à s'acquitter de sa fonction dans le délai qui lui est imparti ? Nous est-il possible d'évaluer l'état du processus par rapport au plan initial ?

Manifestation des symboles

> Le royaume est en toi et il est en dehors de toi.
> *(Évangile selon Thomas)*

L'Univers dut être créé afin de garantir les conditions nécessaires à l'apparition de la vie. Ces conditions étaient si rares et spécifiques, que la probabilité de leur formation était incroyablement faible. Par conséquent, la taille globale de l'Univers dut être assez grande pour que statistiquement cette probabilité soit suffisante pour assurer la formation de la vie organique.

Le monde physique vit le jour à la suite de plusieurs augmentations des « fréquences » des oscillations du champ de conscience universelle. Ces fréquences sont superposées sur une onde porteuse qui couvre tout l'Univers et détermine sa taille physique. Ces augmentations discrètes furent de nature qualitative. Elles étaient nécessaires pour permettre l'apparition progressive des différentes formes de la matière, des plus élémentaires aux plus complexes, du *point unidimensionnel* à l'homme. La croissance et l'expansion de l'Univers engloba la création progressive de la matière dans sa variété de formes telles que les étoiles, les galaxies, les planètes et la Terre. Les augmentations discrètes de fréquence furent comme les échelons initiaux d'une échelle évolutionnaire.

Selon les écritures, six étapes conduisirent à l'apparition de l'homme sur la Terre. La séquence menant à l'apparition de l'humanité est décrite dans le premier chapitre de la *Genèse*. La première ligne concerne la création de la Terre :

Au commencement, Dieu créa le ciel et la terre.
(Genèse 1: 1)

Selon le modèle du Big Bang, la Terre se forma il y a environ 4,5 milliards d'années - ce qui représente approximativement un tiers de l'âge de l'Univers. Elle est le résultat de l'agrégation d'un nuage de poussières restant après la formation du Soleil. Au début, elle était très chaude et sans atmosphère. Elle était en grande partie en fusion à cause de collisions avec d'autres corps célestes qui conduisirent à un volcanisme extrême. Au fil du temps, elle acquit une atmosphère grâce aux émissions provenant du dégazage volcanique. Cette première atmosphère ne contenait pas d'oxygène. Elle contenait principalement des gaz tels que le sulfure d'hydrogène. Dans la *Genèse*, cette phase de la création est appelée la seconde étape du processus (« le deuxième jour ») :

Et Dieu dit : « Qu'il y ait un firmament entre les eaux, pour les tenir séparées les unes des autres. »
Et Dieu fit le firmament, et il sépara les eaux au-dessous du firmament des eaux au-dessus du firmament : et il en fut ainsi.
Et Dieu appela le firmament ciel. Et il y eut un soir, et il y eut un matin : deuxième jour.
(Genèse 1: 6-8)

Bien que la Terre semble être placée loin du centre de l'Univers, en réalité, elle est située dans la région nodale la plus subtile de l'Univers. Cette zone offre toutes les conditions physiques nécessaires à l'apparition de la vie organique. En d'autres termes, la région nodale dans laquelle la Terre a été créée était la plus sophistiquée de toutes les régions de l'Univers.

Le refroidissement de la Terre entraîna la formation d'une croûte solide. Il donna lieu également à la formation de nuages. La pluie entraîna l'apparition des océans :

> Et Dieu dit : « Que les eaux sous le ciel s'amassent en un seul endroit, et qu'une surface sèche apparaisse. » Et il en fut ainsi. Et Dieu appela la surface sèche, la terre; et le rassemblement des eaux, la mer.
> *(Genèse 1: 9-10)*

Après la formation du monde minéral, le champ de conscience dans lequel la Terre était placée passa à un mode supérieur. Il forma un nouvel ensemble de régions nodales qui contenaient les minéraux les plus raffinés et les plus raréfiés. Dans ces régions, les premières formes de vie primitives apparurent. Les plus anciennes traces de vie observées remontent à 3,5 milliards d'années. Ces premiers organismes étaient capables de réguler leur nutrition et leur croissance. Ils sont appelés macromolécules. Ils consommèrent le sulfure d'hydrogène et libérèrent de l'oxygène. Cela changea progressivement l'atmosphère vers la composition qu'elle a aujourd'hui et permit le développement d'autres formes de vie. Ce fut le commencement des plantes et de la végétation. Cela correspond au « troisième jour » du processus :

> Et Dieu dit : « Que la terre produise de l'herbe, des plantes portant semence, et des arbres fruitiers produisant des fruits selon leurs espèces, dans lesquels se trouvent des graines, sur la

terre. » Et il en fut ainsi.
Et la terre produisit de l'herbe, des plantes portant semences selon leurs espèces, et des arbres produisant des fruits dans lesquels se trouvent des graines selon leurs espèces : et Dieu vit que cela était bon.
Et il y eut un soir et il y eut un matin : troisième jour.
(Genèse 1, 11-13)

Alors que la Terre était à ce stade précoce, une collision géante avec un objet de la taille d'une planète forma la Lune :

Et Dieu fit les deux grands luminaires, le plus grand luminaire pour gouverner le jour, et le plus petit luminaire pour présider à la nuit ...
Et il y eut un soir et il y eut un matin : quatrième jour.
(Genèse 1: 16-19)

Une fois que les plantes et la végétation purent croître et se multiplier, l'augmentation suivante de la fréquence du champ de conscience eut lieu. Cette fois, les régions nodales nouvellement formées perméatèrent les organismes végétaux les plus raffinés. Cela eut pour effet de produire des sensations et des mouvements volontaires, qui conduisirent à l'apparition du monde animal :

Et Dieu dit : « Que les eaux produisent en abondance des animaux vivants, et que des oiseaux volent au-dessus de la terre dans le firmament ouvert du ciel.
Et Dieu créa les grands monstres marins, et tous les animaux

vivants qui se déplacent, que les eaux produisirent en abondance, selon leur espèce, et tous les oiseaux ailés selon leur espèce : et Dieu vit que cela était bon.
Et Dieu les bénit, en disant : « Soyez féconds et multipliez-vous, remplissez les eaux des mers et que les oiseaux se multiplient sur la terre. »
Et il y eut un soir et il y eut un matin : cinquième jour.
(Genèse 1: 20-23)

Il y eut une augmentation massive de la diversité animale il y a environ 500 millions d'années lorsque les formes de vie primitives telles que les méduses, les éponges, les algues, les anémones, les vers et les arthropodes apparurent. Cette période est considérée comme l'aube de la vie animale. Elle est connue sous le nom d'explosion cambrienne.

Après l'apparition du monde animal, l'augmentation de la fréquence des oscillations du champ de conscience perméata les organismes animaux les plus raffinés. Le résultat de cette perméation fut l'apparition de l'humanité avec ses facultés ordinaires d'intellect, de cœur et de moi. Ces trois facultés constituent une version inférieure de la triplicité originelle. C'est en ce sens que l'homme a été fait « selon notre ressemblance » :

Et Dieu dit : « Faisons l'homme à notre image, selon notre ressemblance, et qu'il domine sur les poissons de la mer, sur les oiseaux du ciel, sur le bétail, sur toute la terre, et sur tous les reptiles qui rampent sur la terre.
Et Dieu créa l'homme à son image, il le créa à l'image de Dieu, il les créa mâle et femelle.
(Genèse 1: 26-27)

Ainsi, les gradations de ces diverses formes de vie furent le résultat d'une série d'ajustements du champ de conscience universelle. La Terre a fourni toutes les conditions nécessaires à l'apparition de l'homme. Le champ de conscience de la Terre a fourni les limites pour la formation des régions nodales dans lesquelles la végétation et les animaux purent apparaître. En d'autres termes, cet environnement « naturel » spécifique fut nécessaire comme base pour l'apparition et la survie de la race humaine. L'humanité fut la dernière étape de la création dans le monde physique.

La création de l'humanité a conclu la phase mécanique du processus. Selon certaines références mystiques, elle conduisit à l'apparition simultanée d'une multitude d'hommes dans différentes zones géographiques. Par exemple, l'une des citations de Mahomet fait référence à cette création comme à l'apparition de « 100 000 Adams[27] ». Selon la science, ces hommes (homo sapiens) apparurent il y a entre 800 000 et 300 000 ans. Cependant, la formation finale du cerveau de l'homme n'eut lieu qu'il y a seulement quelques 40 000 à 60 000 ans. Cela signifie qu'il a fallu plus de 700 000 ans pour remplir la zone nodale spécifique du champ de conscience qui sert de modèle à l'humanité. C'est cet aménagement progressif de la zone nodale de conscience qui fut interprétée par la science comme étant l'adaptation de l'homme à son environnement extérieur.

Après l'apparition de l'homme, Dieu « se reposa le septième jour ». Cette partie du processus était complétée :

> Et le septième jour, Dieu acheva son œuvre qu'il avait faite : et il se reposa le septième jour de toute son œuvre qu'il avait faite.
> *(Genèse 2: 2)*

---

[27] *The Meccan Revelations - Volume I*, Ibn Al 'Arabi; edited by Michel Chodkiewicz (Pir Press, New York, 2002, p. 338).

Il semble que tout était prêt pour le transfert à l'homme de la responsabilité de poursuivre le processus de création. Pourtant, le transfert de responsabilité n'eut pas lieu à ce stade. Bien que l'humanité soit apparue sur Terre sous forme physique, elle n'était pas encore prête pour sa fonction évolutionnaire. L'humanité est apparue sur Terre sous une forme physique complète mais avec un esprit incomplet. L'homme était doté des facultés nécessaires, mais ces dispositifs étaient sous une forme latente. Même si l'homme avait été informé de leur existence et de leur utilisation, il aurait été incapable de les activer ou de les utiliser correctement. L'homme, dans son état naturel, n'était pas encore prêt pour sa mission. Il fallait autre chose.

Une autre chose devait être faite avant que l'homme ne puisse commencer sa participation au processus.

L'esprit humain

La différence entre toute l'évolution jusqu'à présent et le besoin actuel d'évolution est que, depuis environ une dizaine de milliers d'années, il nous a été donné la possibilité d'une évolution consciente. Cette évolution plus rare est si essentielle que notre avenir en dépend.
(Idries Shah)

L'esprit humain est le reflet du Macrocosme. Par conséquent, la connaissance du Macrocosme aide à révéler la structure interne de l'esprit.

Rappelons que nous avons nommé Source le niveau immédiatement inférieur à l'Absolu. La Source est la couche supérieure du Macrocosme d'où émane un plan d'évolution de l'humanité. Ce plan, ou matrice, est comme l'ADN de l'esprit humain. Cette matrice doit être absorbée, assimilée puis activée. Les éléments de la matrice sont encodés dans le champ de conscience universelle qui descend en cascade à travers les différentes strates du Macrocosme, jusqu'au niveau de l'homme ordinaire.

L'histoire de Jacob, dans la *Genèse*, peut servir d'illustration à ce processus. En voici une version insérée par Shakespeare dans *Le Marchand de Venise* :

> ... note ce que Jacob fit,
> Laban et lui ayant convenu que tous les nouveau-nés
> qui seraient rayés de deux couleurs
> Appartiendraient à Jacob pour son salaire,
> Sur la fin de l'automne, les brebis étant en chaleur allèrent
> Chercher les béliers, et quand ces couples à toison
> En arrivèrent au moment de consommer l'œuvre de
> Génération, le rusé berger pela l'écorce de certains
> Bâtons, et dans l'instant précis de l'acte de nature,
> Les montra aux brebis échauffées, qui, concevant alors,
> Quand le temps de l'enfantement vint, mirent bas
> Des agneaux bariolés, lesquels furent pour Jacob.
> *(Le Marchand de Venise, I.3)*

Dans cette histoire, Jacob utilisa des bâtons partiellement écorcés, qu'il plaça devant des brebis pendant qu'elles concevaient. Du coup, les brebis donnèrent naissance à des agneaux bariolés. Selon son contrat avec Laban, tous les agneaux bariolés devinrent la propriété de Jacob. Nous pouvons réaliser qu'un ange (dans l'histoire originale Jacob a été inspiré par un ange), Jacob, les brebis qui conçoivent et les jeunes agneaux représentent respectivement la Source, le monde des idées, le monde des symboles et le monde physique. Les bâtons écorcés représentent une matrice évolutionnaire projetée depuis la Source. Conformément à la Volonté de l'Absolu, cette matrice particulière devait être mise en œuvre dans le monde physique, c'est-à-dire au niveau de l'homme ordinaire. La matrice (le motif en damier sur les bâtons pelés) descend de la Source (l'Ange) à travers le monde des idées (Jacob) et le monde des symboles (les brebis qui conçoivent) jusqu'à atteindre le monde de l'homme ordinaire (les agneaux). De cette façon, la Volonté de l'Absolu peut être actualisée parmi les hommes ordinaires. C'est de cette manière qu'une échelle évolutionnaire (l'échelle de Jacob) fut mise à la disposition de l'humanité. En la gravissant, l'homme peut sortir de son état ordinaire animal, et atteindre l'Absolu. C'est ainsi qu'il sera en mesure de réaliser son but ultime.

À chaque étape descendante, la matrice est partiellement voilée. Voiler la matrice est nécessaire pour en apporter les éléments essentiels jusque dans le monde physique, le monde des sens inférieurs (le « voile » qui entoure les degrés inférieurs de conscience est appelé par les scientifiques « le principe de non-localité voilée »). Cela rend la situation du futur observateur assez difficile. Il est non seulement censé reconnaître la matrice dans un environnement inférieur, mais grâce à un effort personnel incroyable, il doit aussi activer un ensemble de facultés intérieures dans son esprit qui lui permettront de surmonter ses limites naturelles.

Le mode de fonctionnement du Macrocosme indique que chaque processus au sein du monde physique se déroule selon l'état du champ de conscience universelle. Les diverses particules élémentaires, le monde végétal, le monde animal et l'humanité sont comme les organes constitutifs d'un immense corps cosmique. Ils sont tous soumis à un même plan. Dans ce plan, la structure interne de l'esprit humain est une projection des différentes strates du Macrocosme. C'est pourquoi l'esprit humain peut être appelé microcosme. Ceci est conforme à un concept qui a été présenté par Hermès Trismégiste dans la *table d'émeraude* :

> Ce qui est en bas correspond à ce qui est en haut, et ce qui est en haut correspond à ce qui est en bas, pour accomplir les miracles de l'Un[28].

---

[28] Traduction par Isaac Newton citée dans *The Chymistry of Isaac Newton* (Keynes MS. 28, King's College Library, Cambridge University).

Durant plusieurs milliards d'années, un processus de vie se développa sur Terre et culmina avec l'apparition de l'homme. L'humanité a été formée par plusieurs modes d'oscillations ascendants du champ de conscience universelle. À différentes époques du passé, ces divers modes de conscience ont été activés successivement. Chaque nouveau mode avait une potentialité de développement plus élevée que le précédent. Chaque oscillation était plus élevée en fréquence que la précédente. Ces différents modes d'oscillations peuvent être arbitrairement appelés *constructif*, *vital*, *automatique* et *rationnel*. Leur activation, l'un après l'autre, a provoqué la progression de la molécule à l'homme. La naissance de chaque humain consiste en une séquence compressée de cette progression.

Le premier mode de ces oscillations, le mode *constructif*, conduisit à la formation de la forme minérale : l'homme est conçu à partir d'un caillot sanguin. Par la suite, le mode *vital* transforma cette forme minérale initiale en une forme végétale : dans le ventre de sa mère, il est capable de réguler sa nutrition et sa croissance. Puis le mode *automatique* suivit : après la naissance, il fait l'expérience de la forme animale en acquérant des sensations et des mouvements volontaires.

Jalaluddin Rumi, un poète persan du 13ème siècle, décrivit ce processus de la manière suivante :

> Tout d'abord, l'homme apparut dans la classe des objets inorganiques. Ensuite, il passa de la classe inorganique à celle des plantes. Pendant un certain temps, il vécut comme une plante, ne se souvenant en rien de son état inorganique antérieur. Puis il passa de l'état végétal à l'état animal. Une fois animal il oublia son état de plante, mais garda une attirance pour les plantes. Au printemps spécialement, il est particulièrement attiré par la verdure des arbres et par l'arôme des fleurs. Puis enfin, l'homme fut guidé de l'état animal à l'état humain. De cette façon,

il passa d'un monde à un autre, jusqu'à devenir intelligent et rationnel. Il n'a aucun souvenir de ses anciens états. Pendant ces périodes, l'homme ne savait pas où il se dirigeait, mais il était néanmoins embarqué pour un long voyage.

À partir de son état actuel, l'homme doit poursuivre sa migration afin d'échapper à sa rationalité et à son intellectualité, qui sont principalement motivées par sa cupidité et son égotisme. Il a cent mille autres états encore plus merveilleux devant lui. Il s'est endormi et a oublié son passé. Ce monde est le rêve du dormeur ainsi que ses caprices. Jusqu'à ce que tout à coup, l'aube de la mort se lève et qu'il soit délivré de son ignorance.
(Mathnawi, IV, 3637-55)

Le mode *rationnel* a conduit à l'apparition de la couche ordinaire de l'esprit humain, l'esprit rationnel. Il s'agit d'une composante terrestre et naturelle. Son fonctionnement est limité aux sens physiques. Il est acquis par le corps lors de sa première respiration. Le roi Lear de Shakespeare décrit cela de la manière suivante :

Quand nous naissons, nous pleurons d'être venus
Sur cette grande scène de fous.
(Le Roi Lear, IV.6)

L'esprit *rationnel* peut être considéré comme une substance fine qui possède les capacités de nutrition, de croissance et de perception sensorielle. C'est cette partie de l'esprit qui est à l'origine de la vie du corps. Par conséquent, lorsqu'elle est séparée du corps, elle provoque sa mort (lorsqu'il est séparé du corps, l'esprit rationnel est souvent appelé « l'âme naturelle »). Lorsque le corps meurt et se désintègre, l'esprit rationnel passe par un processus similaire de dissolution. Il faut du temps pour que cette substance subtile se dissipe après sa séparation du corps, mais elle finit par disparaître dans le néant.

L'esprit rationnel de l'homme se compose des facultés ordinaires de l'*intellect*, du *cœur* et du *moi*. Ces trois facultés régissent la vie physique, émotionnelle et intellectuelle de l'homme. Dans la structure hiérarchique de l'esprit, les facultés ordinaires constituent le niveau le plus bas, c'est-à-dire l'état naturel de l'esprit. Les facultés ordinaires sont la forme la plus basse de la triplicité originelle.

L'esprit naturel ou rationnel est axé sur la survie de l'homme ainsi que sur ses désirs et sa poursuite du plaisir, de l'ambition et de sa propre importance. Ce sont les objectifs de la faculté du moi. C'est pourquoi cette faculté est également appelée le moi-ego.

La *faculté du cœur* nourrit des désirs et des émotions tels que les sentiments d'attachements sensuels et de haine, la démonstration de bravoure ou de lâcheté, la formation d'une intention et la réalisation d'une action particulière.

Les qualités attribuées à la *faculté intellectuelle* sont la compréhension et la connaissance, la capacité de percevoir, de se souvenir des choses du passé et de planifier les choses de l'avenir.

À des fins méthodologiques, la position des facultés ordinaires au sein du corps humain a été arbitrairement déterminée[29]. La faculté du moi imprègne tout le corps, mais sa zone nodale est fermement enracinée dans le foie. La faculté du cœur est présente dans tout le corps, mais elle est fermement enracinée dans le cœur physique, et la faculté de l'intellect imprègne également tout le corps, mais elle est

---

[29] *The Sacred Knowledge*, Shah Waliullah (The Octagon Press, London, 1982, p. 16).

fermement enracinée dans le cerveau. Le duc Orsino de Shakespeare fait allusion à cette structure dans les lignes suivantes :

> Comment aimera-t-elle, lorsque la riche flèche d'or
> Aura tué le troupeau de toutes les autres affections
> Qui vivent en elle. Lorsque son foie, son cerveau et son cœur,
> Ces trônes souverains seront tous fournis et auront rempli
> Ses douces perfections avec un seul roi.
> *(La Nuit des rois, I.1)*

La somme totale des relations entre ces trois facultés forme le caractère et la personnalité d'un individu.

Dans son état ordinaire, l'esprit rationnel est dominé par la faculté du moi. Celle-ci subjugue les facultés du cœur et de l'intellect. Elles sont toutes deux employées à satisfaire le moi-ego. Un tel comportement mine et contamine le bon fonctionnement de l'intellect et du cœur. Dans un tel état, l'homme n'est pas en mesure d'exploiter pleinement son potentiel. L'esprit naturel est stérile sur le plan du développement. Il est incapable de jouer un rôle actif dans la création. Dans leur état naturel, les facultés du moi, du cœur, et de l'intellect sont une forme dégénérée de la triplicité originelle.

Dans la structure globale, les facultés ordinaires du moi, du cœur et de l'intellect forment la limite supérieure de la conscience du monde physique. L'esprit rationnel opère entièrement dans le monde corporel. L'*esprit rationnel* fut le dernier et le plus haut mode d'oscillation activé dans l'espace-temps. Ce fut la dernière étape de la création mécanique. Avec son apparition, le processus de création mécanique fut achevé. C'est à ce stade que, comme indiqué dans la *Genèse*, l'Absolu « se reposa » :

> Il se reposa le septième jour de toute son œuvre qu'il avait faite.
> *(Genèse 2: 2)*

Afin d'activer ses potentialités évolutionnaires dormantes, l'homme doit être exposé aux modes d'oscillations du champ de conscience qui sont disponibles au sein du Macrocosme. Ce n'est qu'en mettant habilement son esprit en résonance avec ces modes supérieurs qu'il pourra activer ou « éveiller » ses potentialités intérieures. Mais, à l'état naturel, il n'est même pas capable d'atteindre la zone intermédiaire entre le visible et l'invisible, il n'est même pas conscient de son potentiel. Comment, alors, peut-on s'attendre à ce qu'il sorte de cette situation apparemment impossible ?

Cette situation est le résultat du libre arbitre donné à l'humanité. C'est à l'homme d'essayer et de faire des efforts. Il peut ainsi échapper à l'extinction et prolonger son existence. Mais ce n'est pas une évolution au sens ordinaire du terme. Cette évolution est délibérée et nécessite la participation consciente de l'homme au processus créatif. C'est son choix.

Tout d'abord, l'homme doit se préparer à un tel « voyage ».

La première condition est que la hiérarchie interne de son esprit rationnel soit réorganisée. Ce réarrangement est un processus en deux étapes. La première étape est atteinte lorsque la faculté de l'intellect prend le contrôle des deux autres facultés. La deuxième étape nécessite que les relations intérieures soient réorganisées de telle manière que l'intellect contrôle la faculté du cœur et que la faculté du cœur domine le moi-ego. De la combinaison de ces deux degrés de contrôle, d'autres stades de développement peuvent résulter.

Une ancienne parabole peut être utilisée pour expliquer la fonction d'un bon alignement des facultés ordinaires. Dans cette parabole, la structure intérieure de l'esprit est comparée à un chariot :

> Un conducteur est assis dans un chariot tiré par un cheval. Le chariot représente la faculté du moi, c'est-à-dire la forme externe qui permet au conducteur de se déplacer vers son objectif. Le cheval, qui est la force motrice qui permet d'actualiser une intention et de réaliser une action, représente la faculté du cœur. Le conducteur représente la faculté de l'intellect. C'est la faculté de l'intellect qui, d'une manière supérieure, perçoit l'intention et le potentiel de la situation et permet au chariot d'avancer et d'atteindre son objectif. L'un des trois, à lui seul, ne peux remplir qu'une fonction limitée. Cependant, la fonction combinée d'atteindre sa destination ne peut être réalisée que si les trois facultés sont alignées de la bonne manière[30].

Nous pouvons reconnaître qu'un tel arrangement de l'intellect, du cœur et du moi est un reflet terrestre de la triplicité originelle. C'est ce genre de « chariot » qui peut emporter l'homme dans un voyage cosmique. Il s'agit de la première étape de la préparation au voyage à travers la conscience cosmique. C'est cette première étape qui est le centre et l'objectif des religions conventionnelles. Les religions offrent diverses prescriptions et pratiques pour maîtriser le moi-ego.

***

---

[30] Cette version est basée sur "The Chariot," une parabole inclue dans *Tales of the Dervishes*, Idries Shah (The Octagon Press, London, 1982, p. 207).

Contrairement au moi-ego, l'intellect et le cœur ne sont pas homogènes. Les facultés de l'intellect et du cœur ont une structure interne à plusieurs niveaux. Ces couches intérieures sont appelées les facultés intérieures de l'esprit. Dans l'état naturel de l'esprit, ces facultés intérieures sont sous leurs formes latentes. Elles peuvent être activées lorsqu'elles sont en résonance avec des modes supérieurs spécifiques d'oscillations du champ de conscience universelle. Par conséquent, le processus de l'évolution de l'esprit humain peut être décrit comme une interaction entre les facultés ordinaires et les modes supérieurs du champ de conscience universelle. Lorsque les facultés ordinaires sont en résonance avec les oscillations macrocosmiques, elles se divisent. De cette façon, leur structure interne plus fine est déployée. Cela peut être comparé au fractionnement des orbitales atomiques. Dans leur forme naturelle, les orbitales atomiques restent dégénérées. Lorsqu'elles sont exposées à un fort champ magnétique externe, elles se divisent en plusieurs sous-niveaux, conformément à leurs fonctions d'onde respectives.

Dans le cas de l'esprit humain, les modes supérieurs du champ de conscience correspondent aux champs magnétiques intenses de l'analogie ci-dessus. Ces modes supérieurs, cependant, n'opèrent pas dans l'espace-temps. Ils ne sont disponibles que dans les différentes zones du Macrocosme, c'est-à-dire au-dessus de la zone intermédiaire. Cela rend la situation de l'homme plutôt difficile. Mais laissons-le ici un moment pendant qu'il réfléchit à ses choix. Pour l'heure, son potentiel évolutionnaire est *dormant*. Il n'est pas encore prêt à entreprendre son voyage. À ce stade, sa situation correspond à celle d'Hamlet, qui médite également sur ses options : « être, ou ne pas être ». Pour Hamlet, « être » signifie « mourir, ne plus dormir[31] ».

---

[31] Certains éditeurs des pièces de Shakespeare changent la ponctuation de "to die, to sleep no more ; …" en "to die: to sleep, no more …" ou "to die – to sleep, no more …" ou "to die, to sleep – no more …".

Dans ce contexte, « mourir » implique de se réveiller du sommeil en prenant « les armes contre une mer de malheurs » :

> Être, ou ne pas être, telle est la question :
> Y-a-t-il plus de noblesse d'âme à souffrir
> Les frondes et les flèches d'une fortune outrageante,
> Ou à prendre les armes contre une mer de malheurs
> Et l'arrêter en s'y opposant : mourir, ne plus dormir[32] ; ...
> *(Hamlet, III.1)*

En attendant, explorons le monde intérieur qui est caché dans les couches profondes de l'esprit humain.

***

Le déploiement des couches intérieures de l'esprit est un processus en plusieurs étapes. À chaque étape, une couche plus subtile de l'intellect ou de la faculté du cœur est activée. Le processus d'activation de ces couches intérieures de l'esprit constitue le voyage de l'homme à travers les différentes strates de la conscience cosmique.

Le voyage à travers la conscience cosmique peut être initié soit par le déploiement des couches subtiles de la faculté de l'intellect (le chemin de l'intellect), soit par le déploiement des couches subtiles de

---

[32] Note du traducteur : certaines traductions françaises utilisent les ponctuations révisées ce qui change totalement le sens de la phrase.

la faculté du cœur (le chemin du cœur). Le choix est déterminé par la prédisposition initiale d'une personne.

La première couche subtile est voilée au sein de la faculté du cœur. Cette couche peut être activée lorsque l'esprit est exposé au champ de conscience au sein du monde des symboles. Il s'agit de la première étape de l'ascension du Macrocosme. Cette première couche est appelée l'Âme[33]. La faculté ordinaire du cœur est contrôlée par les attachements terrestres et le désir. Lorsqu'elle se détache de ses liens terrestres, l'Âme peut être activée. Par l'Âme, le voyageur est capable de développer un désir suprême. Cela rend tout le reste d'importance secondaire. En raison de son inclination vers l'objectif suprême, l'Âme neutralise toutes sortes d'indulgences terrestres qui viennent du moi-ego. Elle rapproche le voyageur de son objectif ultime, elle lui permet d'en faire une expérience intime. Lorsqu'elle est activée, l'Âme devient une partie incorporelle de l'esprit.

La couche subtile de la faculté intellectuelle est appelée le Secret. Le Secret apparaît lorsque l'intellect est libéré de ses inclinations terrestres. Le Secret se manifeste comme une certitude intuitive à propos de certains épisodes et événements, sans savoir comment on y est arrivé. À cause de cette faculté, l'esprit est parfois inondé d'images et de visions. C'est cette faculté qui permet de prédire et même d'influencer certains événements futurs. Par son fonctionnement, le voyageur peut également être capable de voir dans l'esprit des autres et de lire leurs pensées tacites. C'est à ce stade que les « croyances » fondent dans la « connaissance ». Quand quelque chose est vécu, il n'y a plus besoin de croyances.

De même que l'Âme, le Secret est incorporel. L'intellect ordinaire ne peut comprendre cette faculté et ses expériences. L'intellect a une

---

[33] Les termes utilisés ici pour désigner les facultés intérieures (Âme, Secret, Mystérieux, Dissimulé et Supracognitif) sont arbitraires. Différents auteurs utilisent différents termes. Ce qui est important, cependant, c'est leurs relations avec les facultés ordinaires, leurs hiérarchies internes et les formes de leurs manifestations.

zone dans laquelle il peut errer et s'exercer, mais au-delà de cette zone, il ne peut pas passer. Il n'a pas accès aux conditions qui existent en dehors de sa zone de perception qui est limitée par l'espace-temps. Si l'intellect allait au-delà de sa zone de perception, il deviendrait confus. Bien sûr, l'intellect ne perçoit pas la situation comme ça. En fait, il nie catégoriquement qu'il en soit ainsi.

L'Âme et le Secret forment l'esprit créatif. Parfois, l'esprit créatif est appelé l'âme créatrice. L'esprit créatif opère dans les différents niveaux du monde des symboles. Dans un esprit à l'état naturel, l'Âme et le Secret sont voilés. Leur voile est imposé par la zone intermédiaire intérieure de l'esprit qui sépare le monde physique des mondes invisibles. Cela signifie que grâce à l'activation de l'Âme et du Secret, l'homme est capable de traverser la zone intermédiaire et d'entrer dans les niveaux inférieurs du monde des symboles. L'Âme et le Secret sont les premières expériences du voyageur qui surmonte les limites imposées par la corporalité. Comme souligné précédemment, ces couches subtiles forment une couche de conscience plus fine entrelacée dans l'esprit humain naturel.

Après avoir fait l'expérience des différentes sous-couches de l'Âme et du Secret, le voyageur est prêt à entrer dans le monde des idées. Il peut alors être exposé à des modes d'oscillations supérieurs du champ de conscience universelle. Cette fois ci, une telle exposition conduit à l'activation de la couche suivante de la structure intérieure de l'esprit. Cette couche plus profonde de l'esprit est appelée *l'esprit sublime* ou l'âme sublime. L'esprit sublime est constitué des facultés cachées. Celles-ci permettent au voyageur d'explorer les différents aspects du monde des idées. En explorant les différentes sphères du monde des idées, on nettoie progressivement son esprit des résidus terrestres restants.

Il existe d'innombrables sous-couches dans le monde des idées et le monde des symboles. Parfois, le nombre symbolique « quatre-vingt-dix-neuf » est utilisé pour représenter les différents noms des couches intérieures. Cette représentation symbolique indique qu'il faut faire l'expérience de « quatre-vingt-dix-neuf » états. Par conséquent, le nombre « cent » indique la fin de cette étape particulière du voyage.

Lorsqu'il est dans le monde des idées, l'esprit est un mélange composite de ses parties *rationnelles*, *créatives* et *sublimes*. Pour chaque voyageur, il y aura un ratio différent de ces éléments. En fonction de la vigueur relative des parties créatives et sublimes, le voyageur sera exposé à différentes expériences.

À un moment donné, le voyageur sera peut-être capable de percevoir la présence d'une tache brillante profondément cachée au milieu de son esprit. Il s'agit de sa première rencontre avec le « point » de la formule mystique. Ce « point » est la projection de l'Intellect Pur, un échantillon de l'Absolu laissé dans l'esprit de l'homme. C'est alors que l'on commence à percevoir la présence de l'Architecte Primordial. C'est ce « point » qui rend l'homme « à notre image » :

> Faisons l'homme à notre image, à notre ressemblance.
> *(Genèse 1: 26)*

C'est une des caractéristiques de l'Absolu qu'à un stade donné, il soit entièrement absorbé par la contemplation de lui-même, tandis qu'à d'autres stades, malgré sa pureté, il descende au niveau le plus profond de l'esprit humain. Cependant, au cours de cette descente, il ne perd rien de sa pureté.

Donc, lorsqu'un voyageur se plonge dans une contemplation profonde, alors à l'extrême limite de sa vision se trouve ce « point » brillant et essentiel. Il s'imagine que ce point est au milieu de son propre être intérieur, bien qu'en fait le « point » habite une glorieuse demeure[34]. Alors que le voyageur continue son voyage vers la Source, le « point » devient beaucoup plus lumineux. Sa luminosité dépend de la pureté de l'esprit. S'il y reste des traces terrestres, le voyageur pourra percevoir la présence du « point », mais il ne pourra pas le voir. Cela correspond à une situation où la partie créative de l'esprit est dominante. Si le voyageur suit le chemin du cœur, la présence du « point » conduira à l'activation de la faculté cachée qui s'appelle le Mystérieux. Le Mystérieux se caractérise par une paix et une tranquillité indescriptibles. Le voyageur qui en fait l'expérience se libère de ses désirs et de ses dépendances. Il découvre l'inutilité de se complaire dans les expériences extatiques associées à la faculté de l'Âme. S'adonner à cette extase produit un ravissement émotionnel qui peut enivrer mais qui n'élève pas le voyageur à un état supérieur. Le voyageur doit surmonter cette attirance pour pouvoir se détacher complètement du monde physique. Grâce à la faculté du Mystérieux, le voyageur peut acquérir une permanence dans le monde des idées.

Si le voyageur suit le chemin de l'intellect, la présence du « point » conduira à l'activation d'une autre faculté cachée qui s'appelle le Dissimulé. La faculté du Dissimulé permet de contempler le monde des idées, de le comprendre, d'être présent devant lui et d'en acquérir une connaissance approfondie. Il y a une différence entre la contemplation vécue par la faculté du Dissimulé et la certitude qui jaillit dans la faculté du Secret. La différence est que la contemplation par la faculté du Dissimulé a lieu en présence de la chose recherchée, tandis que la certitude de la faculté du Secret implique une certitude de choses absentes et la reconnaissance de l'existence de l'invisible. La faculté du Dissimulé peut conduire à l'anéantissement du voyageur dans le monde des idées. Il gagne une permanence cosmique.

Ensuite, il y a une autre possibilité. Celle-ci se produit lorsque les facultés cachées et subtiles sont arrangées ensemble selon un schéma spécifique. C'est alors que les quatre facultés intérieures de l'Âme, du

---

[34] *The Sacred Knowledge*, Shah Waliullah, p. 69 (voir Note #29).

Secret, du Mystérieux et du Dissimulé peuvent opérer harmonieusement de manière unifiée et équilibrée. Lorsqu'elles sont configurées conformément à ce schéma spécifique, elles peuvent être mises en résonance avec l'oscillation de la Source. Lorsqu'elles sont en résonance avec la Source, une nouvelle faculté de perception apparaît au milieu d'elles. Cette cinquième faculté s'appelle le Supracognitif :

> Car il y a cinq arbres pour vous au paradis. Ils ne changent pas, été comme hiver, et leurs feuilles ne tombent pas. Celui qui les connaît ne goûtera pas la mort.
> (*Évangile selon Thomas*, 19)

À un certain moment, l'esprit sublime peut être complètement séparé de l'esprit créatif. Il est alors possible que la faculté du Mystérieux et la faculté du Dissimulé soient en parfaite harmonie avec la faculté du Supracognitif. Dans cet état, ces trois facultés sont parfaitement équilibrées, aucune d'elles ne domine les autres. Toutes trois constituent la forme la plus élevée de la triplicité ascendante.

Au plus haut niveau de sa manifestation, la faculté du Supracognitif peut s'agiter et déchirer les traces restantes du voile. Elle peut alors dominer complètement l'esprit en entier et être transmuée en Intellect Pur. Dans cet état, tout le reste est anéanti et il ne reste que l'Intellect Pur. À ce stade, la triplicité ascendante coïncide avec la triplicité originelle et fait partie de la Source. C'est cette triplicité que Jésus appelait « Père » (Essence Pure), « Saint-Esprit » (le mode le plus élevé du champ de conscience universelle) et « Fils » (Intellect Pur). C'est alors que la synthèse divine est accomplie. Le voyageur est anéanti dans le « point ». Il fait partie de la triplicité originelle, il est absorbé dans la Source. Dans cet état, le voyageur acquiert une connaissance et une compréhension complètes. Il arrive au stade d'achèvement et de perfection. Il est uni à l'Absolu. La boucle ascendante de la création initiée avec le Big Bang est terminée. Cet état est au-delà de toute description ou compréhension. Cette expérience appartient à l'Homme pleinement réalisé.

Le voyage à travers les diverses facultés subtiles et cachées a été illustré symboliquement par Fariduddin Attar, un poète persan du 12ème siècle, dans son conte intitulé *La Conférence des Oiseaux*. Dans ce conte, les oiseaux sont convoqués par la huppe, leur guide. La huppe leur propose d'aller à la recherche de leur roi mystérieux. Ce roi s'appelle Simurgh, et il vit dans les montagnes de Kaf. La huppe dit aux oiseaux que lors de leur quête, ils devront traverser sept vallées. Chacune de ces vallées représente l'un des états associés aux facultés subtiles ou cachées :

- La première vallée est la Vallée de la Quête *(réarrangement des facultés ordinaires)*.
- La seconde vallée est la Vallée de l'Amour *(activation de l'Âme)*.
- La troisième vallée est la Vallée de la Connaissance Intuitive *(activation du Secret)*.
- La quatrième vallée est la Vallée du Détachement *(activation du Mystérieux)*.
- La cinquième vallée est la Vallée de l'Unité *(activation du Dissimulé)*.
- La sixième vallée est la Vallée de l'Étonnement *(activation du Supracognitif)*.
- La septième vallée est la Vallée de la Mort *(annihilation dans l'Essence Pure)*.

Après avoir traversé les sept vallées, le groupe d'oiseaux arrive à sa destination ultime. C'est là que les oiseaux rencontrent le Simurgh :

De tous ces milliers d'oiseaux, seulement trente atteignirent la fin du voyage. Et ils étaient désorientés, fatigués et découragés, sans plumes ni ailes. Mais maintenant, ils étaient à la porte de la Majesté qui ne peut être décrite, dont l'essence est incompréhensible - l'Être qui est au-delà de la raison et de la connaissance humaines. Puis éclata l'éclair de l'accomplissement, et une centaine de mondes furent consumés en un instant. Ils virent des milliers de soleils plus resplendissants les uns que les autres, des milliers de lunes et d'étoiles toutes aussi belles, et voyant tout cela, ils furent étonnés et agités comme un atome de poussière dansant, et ils crièrent :

« Ô Toi qui es plus radieux que le soleil ! Toi qui as réduit le soleil à un atome, comment pouvons-nous apparaître devant Toi ? Ah, pourquoi avons-nous si inutilement enduré toutes ces souffrances sur le chemin ? Ayant renoncé à nous-mêmes et à toutes choses, nous ne pouvons pas maintenant obtenir ce pourquoi nous nous sommes battus. Ici, peu importe que nous existions ou non. »

Les oiseaux, totalement découragés, sombrèrent dans le désespoir. Un long moment s'écoula. Puis, à un moment propice, la porte s'ouvrit brusquement et un noble chambellan, l'un des courtisans de la Majesté suprême, en sortit. Il les regarda et vit que sur des milliers il ne restait que ces trente oiseaux.

Il dit : « À présent, Ô Oiseaux, d'où venez-vous et que faites-vous ici ? Quel est votre nom ? Ô vous qui êtes dépourvus de tout, où est votre demeure ? Comment vous appelle-t-on dans le monde ? Que peut-on faire avec une poignée de poussière impuissante comme vous ? »

« Nous sommes venus », dirent-ils, « pour reconnaître le Simurgh comme notre roi. Par amour et désir pour lui, nous avons perdu notre raison et notre tranquillité d'esprit. Il y a très longtemps, lorsque nous commençâmes ce voyage, nous étions des milliers, et maintenant seulement trente d'entre nous sont arrivés à cette cour sublime. » …

Puis le chambellan, les ayant testés, ouvrit la porte et alors qu'il écarta cent rideaux, l'un après l'autre, un nouveau monde au-delà du voile se révéla. Maintenant, la lumière des lumières se manifesta, et tous s'assirent sur le trône, le siège de la Majesté et de la Gloire. On leur donna un écrit en leur demandant de le lire. Et en le lisant, et en réfléchissant, ils purent comprendre leur état. Quand ils furent complètement en paix et détachés de tout, ils prirent conscience que le Simurgh était là avec eux, et ils commencèrent une nouvelle vie dans le Simurgh. Tout ce qu'ils avaient fait auparavant disparut. Le soleil de la majesté envoya ses rayons, et dans le reflet de leurs visages respectifs, ces trente oiseaux du monde extérieur contemplèrent le visage du Simurgh du monde intérieur. Cela les étonna tellement qu'ils ne savaient pas s'ils étaient encore eux-mêmes ou s'ils étaient devenus le Simurgh. Finalement, dans un état de contemplation, ils réalisèrent qu'ils étaient le Simurgh et que le Simurgh était les trente oiseaux. Quand ils regardaient le Simurgh, ils voyaient que c'était vraiment le Simurgh qui était là, et quand ils tournaient les yeux vers eux-mêmes, ils voyaient qu'ils étaient eux-mêmes le Simurgh. Et percevant à la fois, eux-mêmes et Lui, ils réalisèrent qu'eux et le Simurgh étaient un seul et même être. Personne au monde n'a jamais entendu parler de pareille chose.

Puis ils s'abandonnèrent à la méditation, et après quelques temps ils demandèrent au Simurgh, sans utiliser de langage, de leur révéler le secret du mystère de l'unité et de la pluralité des êtres. Le Simurgh, également sans parler, répondit : « Le soleil de ma majesté est un miroir. Celui qui vient s'y voir voit son âme et son corps, il s'y voit complètement. Puisque vous êtes venus en un groupe de trente oiseaux, vous voyez trente oiseaux dans ce miroir. Si quarante ou cinquante venaient, ce serait pareil. Bien que vous soyez complètement changés, vous vous voyez tel que vous étiez auparavant. » …

« Tout ce que vous avez connu, tout ce que vous avez vu,

tout ce que vous avez dit ou entendu - tout cela n'est plus cela. Lorsque vous avez traversé les vallées de la voie spirituelle et que vous avez accompli de bonnes tâches, vous avez fait tout cela par mes actions, et vous avez pu voir les vallées de mon essence et de mes perfections. Vous, qui n'êtes que trente oiseaux, avez bien fait d'être étonnés, impatients et émerveillés. Mais je suis plus que trente oiseaux. Je suis l'essence même du vrai Simurgh. Annihilez-vous donc glorieusement et joyeusement en moi, et en moi vous vous trouverez. »

Là-dessus, finalement, les oiseaux se perdirent à jamais dans le Simurgh - l'ombre se perdit dans le soleil, et c'est tout[35].

Le Simurgh, mot qui signifie « trente oiseaux », est une phrase code qui dans le système abjad signifie « le développement de l'esprit par la Chine ». En persan et en arabe, « Chine » signifie le concept caché de la méditation et la méthodologie de développement[36]. C'est l'origine du dicton « Cherchez la connaissance, même jusqu'en Chine ». Dans ce contexte, le mot « trente » équivaut à l'état de conscience le plus élevé, symboliquement représenté par la triplicité originelle. C'est ainsi que l'homme retrace les différentes étapes du Macrocosme, monte vers l'Absolu et revient à son origine. C'est alors que le souhait divin « je souhaitais être connu » est accompli. La boucle de la synthèse créative est fermée.

L'esprit humain à ce stade est appelé l'esprit supracognitif. Parfois, le terme « âme angélique » est utilisé pour marquer cette étape particulière de l'évolution humaine. Lorsqu'il est dans cet état, le voyageur est capable de voir les choses telles qu'elles sont réellement, de comprendre l'affinité et l'unité de choses apparemment

---

[35] *The Conference of the Birds*, Fariduddin Attar; traduit par S.C. Nott (Continuum Publishing, New York, 2000, p. 145-148).
[36] *The Sufis*, Idries Shah, p. 395 (voir Note #16).

différentes et de percevoir le rôle de l'homme. Le voyageur peut alors découvrir que le Macrocosme entier est reproduit dans son esprit.

***

Il peut y avoir des différences dans l'interprétation de ces diverses expériences, car il n'est pas dans la capacité de tous les voyageurs de les percevoir correctement. Certains voyageurs peuvent conclure qu'ils ont fait l'expérience de la conscience au niveau de la faculté du Dissimulé, alors qu'en réalité ils ont été exposés à la certitude de la faculté du Secret. Ou l'esprit d'un voyageur peut être submergé par l'expérience de la conscience de la faculté du Supracognitif, mais il peut croire qu'il a fait l'expérience de l'unité avec l'Absolu.

Si ceux qui ne sont pas préparés correctement tentent de s'aventurer dans le monde des symboles, ils seront troublés par une telle expérience. L'histoire suivante intitulée « Le Paradis du Chant » est une illustration allégorique d'une expérience motivée par une intention incorrecte (« Ce ne serait pas bien, je le sais ») et d'une entreprise sans guide :

> Ahangar était un forgeron formidable qui vivait dans l'une des vallées éloignées de l'est de l'Afghanistan. En temps de paix, il fabriquait des charrues en acier, des fers à cheval et, surtout, il chantait.
>
> Les chants d'Ahangar, qui est connu sous différents noms dans les différentes régions d'Asie centrale, étaient écoutés avidement par les habitants des vallées. Ils venaient des forêts de noyers géants, de l'Hindou-Kouch enneigé, du Qataghan et du Badakhshan, de Khanabad et de Kunar, de Hérat et de

Paghman, pour l'entendre chanter.

Surtout, les gens venaient pour écouter le chant de tous les chants, le Chant d'Ahangar de la Vallée du Paradis.

Ce chant avait une qualité envoûtante et un rythme étrange, mais, surtout, il avait une histoire si étrange que les gens avaient le sentiment de connaître la lointaine Vallée du Paradis. Souvent ils lui demandaient de le chanter alors qu'il n'était pas d'humeur à le faire, et il refusait. Parfois les gens lui demandaient si la Vallée du Paradis était vraiment réelle, et Ahangar ne pouvait que répondre :

« La Vallée du Chant est tout aussi réelle que le réel peut l'être. »

« Mais comment le savez-vous ? » demandaient les gens, « Y êtes-vous déjà allé ? »

« Pas de façon ordinaire » répondait Ahangar.

Pour Ahangar, et pour presque toutes les personnes qui l'entendirent, la Vallée du Chant était néanmoins réelle, aussi réelle que le réel peut l'être.

Aïsha, une jeune fille du village dont il était amoureux, doutait de l'existence de la Vallée. Hasan, un bretteur vantard et redoutable qui avait juré d'épouser Aïsha, et qui ne perdait aucune occasion de rire du forgeron, en doutait lui aussi.

Un jour, alors que les villageois étaient assis silencieusement après qu'Ahangar leur ait raconté son histoire, Hasan parla :

« Si tu crois que cette vallée est si réelle et qu'elle est, comme tu le dis, dans ces montagnes de Sangan, là-bas où la brume bleue monte, pourquoi n'essayes-tu pas de la trouver ? »

« Ce ne serait pas bien, je le sais », déclara Ahangar.

« Tu sais ce qu'il est pratique de savoir et tu ne sais pas ce que tu ne veux pas savoir ! », cria Hasan. « Maintenant, mon ami, je te propose un test. Tu aimes Aïsha, mais elle ne te fait pas confiance. Elle ne croit pas en ta vallée absurde. Tu ne pourras jamais l'épouser, car s'il n'y a pas de confiance entre l'homme et la femme, ils ne peuvent pas être heureux et toutes sortes de maux en résultent. »

« Veux-tu alors que j'y aille ? » demanda Ahangar.

« Oui », répondirent Hasan et toute l'assistance ensemble.

« Si j'y vais et en reviens sain et sauf, Aïsha consentira-t-elle à m'épouser ? », demanda Ahangar.

« Oui », murmura Aïsha.

Alors Ahangar, prenant quelques mûres séchées et un morceau de pain, partit pour les montagnes lointaines.

Il grimpa et grimpa, jusqu'à ce qu'il arrive à un mur qui entourait toute la chaîne de montagne. Après en avoir escaladé la paroi abrupte, il se trouva face à un autre mur, encore plus à-pic que le premier. Après cela, il dut gravir un troisième, puis un quatrième et enfin un cinquième mur.

En descendant de l'autre côté, Ahangar découvrit qu'il était dans une vallée, étonnamment similaire à la sienne.

Les gens sortirent pour l'accueillir et quand il les vit, Ahangar se rendit compte qu'il se passait quelque chose de très étrange.

Des mois plus tard, Ahangar le Forgeron, marchant comme un vieillard, boitant, arriva dans son village natal et se dirigea vers son humble cabane. Alors que la nouvelle de son retour se répandait dans les campagnes avoisinantes, les gens se rassemblèrent devant sa maison pour entendre le récit de ses aventures.

Hasan, le bretteur, parlant pour tous, appela Ahangar et lui demanda de venir à sa fenêtre.

Il y eut un cri de surprise lorsqu'ils virent à quel point il avait vieilli.

« Eh bien, Maître Ahangar, as-tu trouvé la Vallée du Paradis ? »

« Je l'ai trouvée. »

« À quoi ressemble-t-elle ? »

Ahangar, cherchant ses mots, regarda les gens assemblés avec un sentiment de lassitude et de désespoir qu'il n'avait encore jamais ressentis. Puis il dit :

« J'ai grimpé et j'ai grimpé et j'ai grimpé. Quand il sembla qu'il ne pouvait y avoir aucune habitation humaine dans un endroit aussi désolé, et après de nombreuses épreuves et déceptions, je suis tombé sur une vallée. Cette vallée était exactement comme celle dans laquelle nous vivons. Et puis j'ai vu les gens. Ces gens ne sont pas seulement comme nous : ils sont les mêmes personnes. Pour chaque Hasan, chaque Aïsha, chaque Ahangar, chaque personne que nous avons ici, il y en a une autre, exactement la même, dans cette vallée.

« Ils semblent nous ressembler et être nos reflets, quand nous voyons de telles choses. Mais, en fait, c'est nous qui leur ressemblons et sommes leurs reflets - nous qui sommes ici, nous sommes leurs jumeaux... »

Tout le monde crut qu'Ahangar était devenu fou à force de privations, et Aïsha épousa Hasan le bretteur. Ahangar vieillit rapidement et mourut. Et tous les gens, tous ceux qui entendirent cette histoire des lèvres d'Ahangar, perdirent le cœur à vivre, puis vieillirent et moururent. Ils sentaient que quelque chose allait se passer sur lequel ils n'avaient aucun contrôle ni aucun espoir, et du coup perdirent tout intérêt en leur vie.

Ce n'est qu'une fois tous les mille ans que ce secret est vu par l'homme. Quand il le voit, il est changé. Quand il en énonce les faits aux autres, ceux-ci se flétrissent et s'éteignent.

Les gens pensent qu'un tel événement est une catastrophe, et qu'il faut donc le cacher, car ils ne peuvent pas comprendre (telle est la nature de leur vie ordinaire) qu'ils ont plus d'un moi, plus d'un espoir, plus d'une chance - là-haut, au paradis du chant d'Ahangar, le puissant forgeron[37].

Il est également possible que certaines expériences saturent complètement les capacités d'une personne. Dans cet état extatique, l'esprit de cette personne est complètement anéanti en l'un des états

---

[37] "Paradise of Song" inclus dans *Wisdom of the Idiots*, Idries Shah (The Octagon Press, London, 1971, p. 77.)

supérieurs décrits ci-dessus. Ce fut le cas de Bayazid de Bastam qui vécut au 9ème siècle :

> A l'instar de Bayazid qui disait dans l'ivresse spirituelle : « *Gloire à moi ! Que ma dignité est grande ! Il n'y a dans ma tunique d'autre que Dieu.* »
> Les disciples, dans l'état de sobriété, protestèrent. Ils dirent à Bayazid : « Tu es telle personne, il ne te convient pas de dire cela. » …
> Bayazid leur dit : « Ô amis ! Prenez garde ! Si vous êtes des croyants et des hommes sincères, au moment où je prononce ces paroles, prenez tous des couteaux et des glaives, et frappez-moi, afin que vous soyez parmi ceux qui sont approuvés par Dieu. » Quand ce même état advint à Bayazid de nouveau, il répéta ce qu'il avait dit auparavant. Les disciples tirèrent leurs couteaux et le frappèrent. Quand ils revinrent à eux, après l'ivresse, ceux qui l'attaquèrent découvrent qu'ils avaient coupé leurs propres mains, d'autres avaient blessé leur propre ventre et leur poitrine. Mais d'autres, qui n'avaient pas frappé, étaient sans blessures, et Bayazid n'en avait subi aucune[38].

C'est pourquoi, par exemple, Thomas ne révèle pas son état de conscience aux autres disciples de Jésus :

> Jésus dit à ses disciples : « Comparez-moi à quelque chose et dites-moi à quoi je ressemble. »
> Simon-Pierre lui dit : « Tu ressembles à un messager juste. »

---

[38] *Maître et Disciple*, Sultan Valad; traduction française par Eva de Vitray-Meyerovitch (Éditions Sindbad, Paris, 1982, p.44).

> Matthieu lui dit, « Tu ressembles à un philosophe sage. »
> Thomas lui dit, « Maître, ma bouche est totalement incapable de dire à quoi tu ressembles. »
> Jésus dit, « Je ne suis pas ton maître. Parce que tu as bu, tu es intoxiqué par la source pétillante dont j'ai pris soin. »
> Et il se retira avec lui, et lui donna trois paroles.
> Lorsque Thomas revint auprès de ses amis, ils lui demandèrent : « Qu'est-ce que Jésus t'a dit ? »
> Thomas leur dit : « Si je vous répétais une des paroles qu'il m'a dites, vous ramasseriez des pierres et me lapideriez, et le feu sortirait de ces pierres et vous consumerait. »
> *(Évangile selon Thomas, 13)*

Être exposé à des modes de conscience supérieurs peut être difficile lorsque les facultés subtiles nouvellement activées sont encore dominées par des tendances égoïstes. Les humains doivent purifier, au moins partiellement, leur moi-ego avant d'arriver à des zones de conscience supérieures. Toute tentative d'activation des facultés subtiles au sein d'une personnalité non régénérée se terminera par une aberration. Dans de tels cas, l'exposition à des états de conscience élevés peut non seulement donner accès à de nouveaux « pouvoirs », mais stimuler également des tendances destructrices. Lorsque cela se produit, l'individu peut acquérir un approfondissement des connaissances intuitives correspondant à la faculté impliquée. Mais si cela ne fait pas partie d'un développement global, l'esprit tentera vainement de s'équilibrer autour de cette hypertrophie. Les conséquences incluent des phénomènes mentaux unilatéraux, des idées exagérées d'auto-importance, l'apparition de qualités indésirables ou une détérioration mentale. Au lieu de s'élever vers des sphères de fonctionnement supérieures, une telle exposition corrompt, renforce le moi-ego et réduit l'homme à une sorte de vie bestiale.

C'est ce mécanisme qui est responsable de l'apparition dans la littérature de créatures fictives telles que les diables, les démons, les sorcières, etc. La possibilité d'apparition d'esprits malins est rendue nécessaire par la mesure du libre arbitre dont l'homme dispose et les conséquences ne peuvent pas être annulées par les forces macrocosmiques, quelle que soit l'importance de l'enjeu. Tout ce qui peut être fait est de créer des situations qui offriront à l'homme d'autres opportunités de choisir différemment. Par exemple, Shakespeare utilisa les sorcières dans *Macbeth* pour illustrer le mode opératoire de ces capacités accrues mais déstabilisantes :

> Les tendances négatives accrues sont symboliquement représentées par Hécate et ses sorcières. Macbeth est leur cible. Hécate exerce son influence en jouant sur la personnalité déséquilibrée de Macbeth, c'est-à-dire sur ses complexes et son insécurité. Au début, Hécate est en colère contre les sorcières, car elles ont fait une erreur en investissant leur influence dans un personnage plutôt faible. De cette façon, Shakespeare indique qu'il n'y a pas de mal absolu. Les sorcières ne peuvent qu'amplifier les tendances négatives existantes. Du point de vue d'Hécate, Macbeth n'est pas assez vicieux. Il n'est pas capable de servir le mal efficacement. En fait, il se conduit de façon plutôt faible et fragile. Macbeth « aime pour ses propres intérêts, et pas pour vous », ce qui peut ruiner l'objectif général d'Hécate. Par conséquent, Hécate dit aux sorcières qu'elle fera en sorte que Macbeth revienne vers elles à la recherche de prophéties supplémentaires. Et quand il viendra, elles doivent invoquer des visions et des esprits dont les messages renforceront la cruauté de Macbeth en le remplissant d'un faux sentiment de sécurité, car « la sécurité est le plus grand ennemi des mortels ». Les prophéties des sorcières sont basées sur un schéma qui consiste en une présentation correcte d'événements futurs. Mais leurs visions sont projetées de manière déformée

et avec une emphase trompeuse. C'est de cette manière que les prophéties des sorcières deviennent auto-réalisatrices. Sous l'influence des sorcières, Macbeth est transformé en un vilain brutal et meurtrier[39].

Ce sont ces sortes de tendances déstabilisantes accrues qui ont interféré avec le processus évolutionnaire dans les temps anciens. À l'époque, des hommes partiellement développés ont abandonné leurs responsabilités évolutionnaires. Il semble que leurs esprits créatifs aient été activés prématurément. Au lieu de soutenir le processus évolutionnaire, ces hommes se sont permis de suivre leurs egos encore bruts. Ils utilisèrent leurs compétences supérieures pour satisfaire des désirs égoïstes. Par conséquent, le monde antique fut temporairement déconnecté du processus évolutionnaire. Une rupture se produisit entre la Source et le monde des symboles et le monde des symboles devint contaminé. Cette contamination se manifesta par l'apparition de divers « demi-dieux » qui interférèrent dans les affaires humaines. Il y a une référence à ces événements dans la *Genèse* :

> Les fils de Dieu virent que les filles des hommes étaient belles, et ils prirent pour femmes toutes celles qui leur plurent. …
> Et le Seigneur vit que la méchanceté des hommes était grande sur la terre, et que tous les desseins des pensées de leurs cœurs n'étaient continuellement dirigés que vers le mal.
> *(Genèse 6: 2-5)*

---

[39] Extrait par l'auteur de *Shakespeare's Elephant in Darkest England*, W. Jamroz (Troubadour Publications, Montreal, 2016, p. 90).

Cette situation dégénérée fut consignée dans les mythes et légendes antiques. Les mythes anciens témoignent d'une perturbation évolutionnaire causée par un événement survenu dans l'Antiquité. À la suite de cet événement ancien, l'humanité s'est retrouvée dans un chaos évolutionnaire. Les événements des mythologies grecque et romaine sont des illustrations symboliques des conséquences de cette rupture évolutionnaire. Poussés par leur égoïsme et leur sensualité, différents demi-dieux et déesses abusèrent de leurs pouvoirs extraordinaires et de la responsabilité dont ils avaient été chargés. Au lieu de superviser le processus évolutionnaire, ces anciens hommes et femmes concentrèrent leurs activités sur la poursuite d'objectifs inférieurs. Ceci conduisit à une corruption du processus. L'humanité fut séparée de la Source. La référence biblique ci-dessus se trouve juste avant l'épisode avec Noé. On peut donc présumer que le « déluge » biblique fut une forme d'opération de nettoyage nécessaire pour ramener l'humanité sur le chemin évolutionnaire.

***

À des fins méthodologiques et illustratives, les facultés intérieures de l'esprit sont associées à des couleurs spécifiques. Ces couleurs sont utilisées comme représentation symbolique des différents modes d'oscillations du champ de conscience universelle. De cette façon, elles peuvent être utilisées comme outil de développement[40]. Les couleurs sont choisies de telle manière que leurs propriétés soustractives reflètent la relation hiérarchique entre les facultés intérieures. À savoir, il existe une hiérarchie entre les couleurs, c'est-

---

[40] La sélection des couleurs est spécifique à la méthodologie de l'activation des facultés intérieures. Cette sélection est à la discrétion du mentor spirituel qui supervise le processus.

à-dire que le jaune et le rouge sont considérés comme les couleurs les plus basses. Elles apparaissent en premier, lorsque la lumière (blanche) est soustraite de la noirceur. Ainsi, le blanc et le noir sont des couleurs (primaires) supérieures; et le vert est la couleur la plus élevée car c'est la dernière couleur à apparaître lorsque le blanc est retiré du noir[41]. En conséquence, les couleurs jaunes et rouges sont utilisées pour désigner les facultés intérieures du cœur (l'Âme et le Mystérieux); les couleurs blanches et noires sont choisies pour les facultés intérieures de l'intellect (le Secret et le Dissimulé). La couleur verte indique la faculté supracognitive.

Ce code de couleurs est à l'origine du « halo » utilisé dans les arts religieux. Un halo est une couronne de rayons lumineux qui entoure une personne. Il était utilisé pour indiquer les figures saintes ou sacrées. Il était généralement jaune (doré) pour marquer l'activation de l'Âme.

En plus des couleurs, la relation hiérarchique entre les différents modes d'oscillations peut également être représentée dans les descriptions littéraires par l'« âge » ou par la « taille ». Dans cette convention, « plus jeune » ou « plus grand » signifie un mode supérieur. Ce type de code est utilisé pour illustrer les différentes étapes du développement de l'esprit humain. Certains auteurs mystiques utilisent des personnages féminins pour représenter les différents modes d'oscillations. Les facultés intérieures dans leurs états latents sont représentées par de jeunes gens. Une activation réussie de l'une des facultés intérieures est signalée par un mariage.

Les pièces de Shakespeare sont l'une des illustrations les plus précises de la phase la plus récente de l'évolution de l'esprit humain. Ces pièces forment un récit qui illustre le développement de l'esprit humain dans le contexte de la civilisation occidentale[42]. Shakespeare

---

[41] *Goethe's Scientific Consciousness*, Henri Bortoft (The Institute for Cultural Research, Turnbridge Wells, England, 1986, p. 11).
[42] *Shakespeare's Elephant in Darkest England*, W. Jamroz, p. 108 (voir Note #39).

est très systématique dans son identification de la fonction évolutionnaire de ses héroïnes en indiquant leur âge relatif, leur taille relative ou la couleur de leurs cheveux, vêtements ou teint. Par exemple, Shakespeare fait référence au symbolisme du code de couleurs dans cet échange apparemment dénué de sens entre Don Adriano et Moustique, son page, dans *Peines d'amour perdues* :

Don Adriano:
« Qui était l'amour de Samson, mon cher Moustique ? »
Moustique :
« Une femme, mon maître. »
Don Adriano :
« De quel teint de peau ? »
Moustique :
« De tous les quatre, ou les trois, ou les deux, ou l'un des quatre. »
Don Adriano :
« Dis-moi précisément de quel teint. »
Moustique :
« D'un vert d'eau de mer, monsieur. »
Don Adriano :
« Est-ce l'un des quatre teints ? »
Moustique :
« D'après ce que j'ai lu, monsieur. Et le meilleur des quatre. »
Don Adriano :
« Vert est effectivement la couleur des amants. »
(Peines d'amour perdues, I.2)

***

À travers leur recherche de particules élémentaires ultimes, les scientifiques découvrirent la structure interne de la matière. Cette découverte a été saluée comme l'un des plus grands succès de la physique des particules. Et il s'avère que la structure interne de la matière et celle de l'esprit humain sont quelque peu similaires. Comme il n'y a pas de place pour « l'âme » dans la science, les physiciens n'utilisent évidemment pas les différents niveaux de conscience pour décrire les couches internes de la matière. Pourtant, la description mystique de la structure de l'esprit a trouvé son reflet dans le noyau de la physique quantique.

Jusque dans les années 60, on pensait que les protons et les neutrons étaient les particules élémentaires de la matière. Puis, en 1968, les physiciens ont découvert que le proton contient une structure interne. Une expérience réalisée au Centre de l'accélérateur linéaire de Stanford (SLAC) a montré que la structure du proton n'est pas homogène. Dans cette expérience, des protons ont été accélérés à des vitesses élevées, puis ils sont entrés en collision avec d'autres protons ou électrons. En conséquence, les protons se sont brisés en un certain nombre de particules plus petites. Ces petites particules sont connues sous le nom de quarks.

Les quarks sont les seules particules élémentaires du modèle standard de la physique des particules à être soumis aux quatre forces fondamentales. Cependant, les quarks ne sont jamais observés directement ni trouvés isolément. Ils ne peuvent pas être isolés et, par conséquent, ne peuvent pas être directement observés dans des conditions normales. Cela signifie que l'on ne peut pas avoir un quark tout seul.

En y regardant de plus près, il fut déterminé que chaque proton et neutron est construit, par coïncidence, à partir d'une triplicité de quarks. En d'autres termes, l'arrangement de base de la matière est sous une forme de triplicité, un écho lointain de la triplicité cosmique originelle. Tout comme les mystiques, les physiciens ont choisi un code de couleurs pour indiquer la compatibilité mutuelle entre les différents quarks. Cependant, au lieu du modèle soustractif (hiérarchique), les physiciens utilisent le modèle additif pour le codage des couleurs. Le modèle additif n'est pas hiérarchique. Toutes les couleurs sont qualitativement égales les unes aux autres. Les physiciens ont arbitrairement étiqueté les trois quarks bleu, vert et rouge. Ces trois couleurs combinées donnent la couleur blanche. Par conséquent, l'arrangement autorisé de la triplicité est tel qu'une chaîne de trois quarks doit être blanche. Elle est toujours blanche car elle doit-être constituée de rouge, vert et bleu. Cela indique qu'il n'y a pas d'arrangement préférentiel entre les trois quarks dans la couche de matière la plus interne. On peut dire qu'il n'y a pas de hiérarchie interne. La structure interne de la matière est fixe. La matière peut seulement être assemblée en structures de plus en plus complexes, elle ne peut pas être transmutée en une substance macrocosmique plus fine. La première couche du monde physique qui offre la possibilité d'un réarrangement préférentiel est l'esprit rationnel. L'esprit rationnel comprend la triplicité primordiale sous la forme des trois facultés ordinaires de l'intellect, du cœur et du moi. Il s'agit de la première et de la seule couche du monde physique qui soit capable de transmutation.

***

Retournons maintenant à notre homme en contemplation pour lui expliquer sa situation et ses options. L'homme peut résoudre son problème s'il trouve le moyen d'accéder aux modes d'oscillations supérieurs qui sont présents dans le Macrocosme. Il s'avère que ces moyens ont été confiés à une autre « espèce » qui, à un moment donné, est apparue parmi les hommes ordinaires. Appelons ces êtres extraordinaires les *hommes parfaits*.

L'homme parfait

> Lorsque les hommes parfaits apparurent sur terre pour mieux contrôler les tendances évolutionnaires, ils initièrent certains hommes ordinaires : c'est-à-dire que des hommes ordinaires eurent accès à une technique grâce à laquelle leur esprit pouvait devenir capable de traiter l'énergie consciente et, par conséquent, d'entrer en contact avec l'intention de l'Absolu.
> *(Ernest Scott)*

Le Cosmos est organisé selon un plan universel basé sur le principe de hiérarchie. Cette hiérarchie est souvent comparée aux structures observées chez les plantes, les animaux et les corps célestes. Par exemple, la rose et les fleurs ont la même relation que le chêne et les arbres, ou l'abeille et les insectes, ou l'aigle et les oiseaux, ou le lion et les mammifères, ou le soleil et les autres corps célestes. De même, les hommes parfaits sont tout autant une espèce distincte parmi les différents types d'hommes, que l'homme est une espèce distincte parmi d'autres formes de vie organique. L'homme ordinaire est supérieur aux animaux, et l'homme parfait est supérieur aux autres hommes en raison du raffinement de son esprit.

Bien avant la création de l'humanité, l'Absolu créa une empreinte de l'homme parfait. L'homme parfait doit faire l'expérience de l'état de triplicité originelle. Cette empreinte fut dotée de cette expérience qui est la cognition normative de l'homme parfait. L'empreinte de l'homme parfait fut conçue dans le monde des idées, dans le voisinage immédiat de l'Absolu. Cette empreinte fut la toute première idée qui apparut après que l'Absolu eut exprimé le souhait d'« être connu ». Après son apparition dans le monde des idées, l'empreinte de l'homme parfait fut projetée sur le monde des symboles. C'est cette projection sur le monde des symboles qui est consignée dans le deuxième chapitre de la *Genèse*.

Il est important de noter que la *Genèse* décrit deux séquences différentes de la création de l'homme. Le premier chapitre de la *Genèse* décrit la création de l'homme ordinaire dans le monde physique, c'est-à-dire la séquence qui correspond à celle développée par la science. Il s'agit de la première partie de la boucle ascendante de la création. C'est la création du monde physique qui commence avec le Big Bang et continue avec la création des étoiles, du Soleil, de la Terre, du monde minéral, de la Lune, du monde végétal, du monde animal, et se termine avec l'apparition de l'humanité. En ce qui concerne le degré de sophistication des formes créées, il s'agit d'une séquence ascendante qui commence avec les particules élémentaires et se termine avec l'homme.

Par contre, la description donnée dans le second chapitre de la *Genèse* fait référence à une étape antérieure du processus. À savoir, elle décrit une autre phase, celle de la partie descendante du processus qui eut lieu avant la création du monde physique. C'est pourquoi la séquence d'événements décrite dans le second chapitre se déroule dans l'ordre inverse par rapport à celle décrite dans le premier chapitre de la *Genèse*. Cette séquence inverse s'applique aux événements qui se déroulèrent dans le Macrocosme avant la création de l'Univers. Dans cette séquence, les différentes formes vivantes apparaissent dans l'ordre inverse de celui de leur manifestation sur Terre. La première est le système le plus avancé, c'est-à-dire l'homme :

> Et Dieu forma l'homme de la poussière de la terre, et souffla dans ses narines le souffle de vie et l'homme devint une âme vivante.
> *(Genèse 2: 7)*

Lorsqu'une « âme vivante » apparut, il n'y avait ni plantes ni herbes :

> Et aucune plante des champs n'était encore sur la terre, et aucune herbe des champs n'avait encore poussé.
> *(Genèse 2: 5)*

Cela signifie que les événements décrits dans le second chapitre de la *Genèse* se déroulent entièrement dans le monde des symboles et qu'ils se sont produits avant la création de l'Univers. Cette séquence s'applique aux formes qui furent envisagées dans le monde des symboles où l'esprit humain (« une âme vivante ») apparut en premier. « L'âme vivante » fait référence aux facultés intérieures de l'esprit. Elle est le résultat de la projection du « point » divin sur le monde des symboles. À ce moment-là, les symboles des plantes et des herbes n'avaient pas encore été conçus.

Le jardin d'Eden, qui est un élément du monde des symboles, a vu le jour plus tard. Il fut conçu après la formation de « l'âme vivante » de l'homme.

Au milieu du jardin apparurent « l'arbre de vie » et « l'arbre de la connaissance du bien et du mal », des structures évidemment symboliques qui appartiennent au monde des symboles. En d'autres termes, ce n'est qu'après l'apparition de l'âme humaine que le jardin du monde des symboles fut peuplé d'images symboliques d'animaux et d'oiseaux :

> Dieu forma tous les animaux des champs et tous les oiseaux du ciel.
> *(Genèse 2: 19)*

La description biblique du « paradis », avec des anges et l'arbre de la connaissance, etc., est une description allégorique du monde des symboles.

L'homme du second chapitre de la *Genèse* est la projection de l'homme parfait sur le monde des symboles. Comme mentionné précédemment, l'empreinte de l'homme parfait était déjà pleinement développée dans le monde des idées. Dans le Coran, l'empreinte de l'homme parfait est symboliquement appelée « Mahomet ».

Pendant qu'il était dans le monde des symboles, Adam n'était pas encore un homme physique. Il était un symbole de l'homme parfait. Par conséquent, on peut dire que lorsque l'idée de l'homme parfait fut complètement développée dans le monde des idées, Adam n'était qu' « entre eau et argile », c'est-à-dire qu'il n'était pas encore créé. Voici un dicton de Mahomet qui fait allusion à cette séquence :

> J'étais un prophète quand Adam était entre eau et argile.

Le second chapitre de la *Genèse* fournit un élément d'information essentiel sur la nature de l'homme parfait. Il décrit le processus de « formation » d'Adam pour son rôle futur de guide spirituel des hommes ordinaires. Cette formation ou apprentissage consista à lui faire faire l'expérience du voilage des couches intérieures de l'esprit de l'homme. Tout d'abord, Adam fit l'expérience du fonctionnement d'un esprit développé. Ceci est symboliquement indiqué par le fait qu'Adam connaissait tous les noms constituant le monde des symboles et le monde des idées, c'est-à-dire qu'il maîtrisait la structure globale du Macrocosme. En tant que projection de l'empreinte de l'homme parfait, il connaissait et comprenait cette structure. Sa connaissance était supérieure à celle des « anges ». Voici la description de cet état par Rumi :

> Dans le corps de trois coudées de long qu'Il lui a donné était enregistré tout ce qui était contenu dans les mondes invisibles et sur les tablettes de la destinée. Il enseigna à Adam les Noms. Ensuite, Adam instruisit les anges sur tout ce qui arrivera jusqu'à l'éternité. Les anges étaient ébahis et stupéfiés par son enseignement, et ils acquirent de lui des connaissances qu'ils n'avaient pas auparavant. La révélation qui leur apparut grâce à Adam n'était pas contenue dans l'étendue de leurs cieux. En comparaison avec l'étendue du domaine de l'esprit d'Adam, leur capacité de compréhension était beaucoup plus restreinte. Alors les anges dirent à Adam : « Jusqu'à présent, nous avions de l'amitié pour toi avec la poussière de la terre. Nous étions émerveillés de cette connexion que nous avions avec cette poussière, dans la mesure où notre nature est céleste. Ô Adam, cette amitié était due à ta senteur, parce que la terre était la trame et la chaîne utilisées pour créer la texture du tissu de ton corps. De ce lieu ton corps terrestre a été tissé, en ce lieu ta lumière pure a été trouvée. Nous étions dans la terre, inattentifs à la terre, inconscients du trésor qui y était enfoui. »
> *(Mathnawi, I, 2647-66)*

Après avoir connu des états de conscience supérieure, Adam fut mis dans un état de sommeil :

> Et Dieu fit tomber un sommeil profond sur l'homme.
> *(Genèse 2: 21)*

Pendant son « sommeil », les couches intérieures de l'esprit d'Adam furent voilées. Symboliquement, cela est illustré par Adam qui est séparé d'Ève (« une femme »). Ève représente l'esprit intérieur d'Adam, son « joyau » intérieur. Le « joyau » fut pris de l'intérieur de son corps, de la moelle même de ses os :

> Et Dieu fit une femme de la côte qu'il avait prise de l'homme.
> *(Genèse 2: 22)*

Dans cette représentation allégorique, Ève représente un rayon de conscience divine, la projection du « point » divin. Elle fait le lien entre Essence Pure et Intellect Pur. Dans la citation suivante, Rumi indique qu' « une femme » est souvent utilisée par les poètes comme symbole d'un rayon de conscience divine :

> Elle est un rayon de Dieu, elle n'est pas une bien-aimée terrestre : elle est créative, on pourrait dire qu'elle n'est pas créée.
> *(Mathnawi, I, 2437)*

Cette description d'Adam séparé de son Ève intérieure est une illustration allégorique du voile qui sépare l'esprit humain de sa partie la plus sublime. Par la suite, ce « joyau précieux » resta caché. Shakespeare fait référence à l'esprit voilé dans *Comme il vous plaira*, lorsque le duc exilé loue la nature (« l'adversité ») et son exil en son sein :

> Doux sont les usages de l'adversité,
> Qui, comme le crapaud, laid et venimeux,
> Porte quand même dans sa tête un joyau précieux.
> (*Comme il vous plaira*, II.1)

Quand Adam fut séparé de son Ève intérieure, son esprit se désintégra et pris la forme des trois facultés de l'intellect, du cœur et du moi-ego déconnectées les unes des autres. Quand Adam se réveilla, il devint lui-même un symbole de la faculté de l'intellect et Ève un symbole de la faculté du cœur. En même temps, son moi-ego acquit une importance inquiétante. La présence de cet ego inquiétant était due à la projection des états défectueux du monde des idées. Dans la *Genèse*, le moi-ego est représenté allégoriquement par un serpent. Tout comme dans le cas de l'homme ordinaire, le moi-ego (« serpent ») exerça son influence sur l'intellect (« Adam ») via la faculté de l'émotion (« Ève »). C'est pourquoi Adam perdit sa capacité à différencier le bien du mal. Dans son nouvel état ordinaire, Adam n'était plus capable d'accéder aux fruits de « l'arbre de la connaissance du bien et du mal ».

La séparation d'Adam d'Ève fait partie de la phase descendante du processus de création. C'est une étape nécessaire à sa descente dans le monde physique. Adam, l'homme parfait, fut transformé en symbole d'un homme ordinaire. C'est ce symbole de l'esprit voilé qui servit de moule à l'émergence des hommes ordinaires. Le symbole des hommes ordinaires n'était pas doté des expériences d'Adam. Au moment de sa création, ce symbole était constitué des facultés intérieures voilées.

L'Adam du second chapitre de la *Genèse* fut le premier homme parfait à apparaître sur la terre. Dans le monde des symboles, il goûta au fonctionnement des facultés subtiles. Ensuite, son état fut réduit à celui des hommes ordinaires. De cette façon, il connut les défis auxquels les hommes ordinaires sont confrontés. Cependant, ses expériences antérieures laissèrent une marque permanente dans son esprit. Cette marque se manifesta par sa prédisposition inhérente au Macrocosme.

Par la suite, Adam, le premier homme parfait, dût apparaître sur la Terre parmi les humains ordinaires. Cette dernière étape est décrite dans la *Genèse*, encore symboliquement, par l'expulsion d'Adam du jardin d'Éden. En fait, ce n'était pas une sorte de punition. Bien au contraire, c'était une étape indispensable au processus. En d'autres termes, Adam n'avait pas le choix. Il dût ressentir la douleur de la séparation avant d'apparaître sous une forme mortelle parmi les hommes ordinaires. C'était sa fonction d'être « expulsé du paradis ». Avant d'être envoyé dans le monde matériel, il apprit, par expérience, comment il était possible d'amener les hommes ordinaires à la réalisation de leur objectif ultime.

Cette étape spécifique de la création et la fonction de l'homme parfait en tant que guide sont mentionnées dans la description suivante :

> L'homme est un symbole. Tout comme un objet ou un dessin. Allez au-delà du message extérieur du symbole, ou vous vous endormirez. À l'intérieur d'un symbole, il y a un schéma qui bouge. Apprenez à connaître ce schéma. Pour ce faire, vous avez besoin d'un guide. Mais avant qu'il ne puisse vous aider,

vous devez vous préparer en faisant preuve d'honnêteté envers l'objet de votre recherche. Si vous recherchez la vérité et la connaissance, vous les gagnerez. Si vous cherchez quelque chose seulement pour vous-même, vous pourriez trouver mais perdriez toutes possibilités supérieures[43].

En d'autres termes, les aventures d'Adam au « paradis » faisaient partie de son apprentissage. Elles décrivent sa préparation à sa fonction de premier guide de l'humanité.

***

Il est important de noter qu'au moment de l'apparition d'Adam sur la Terre, l'humanité s'était déjà multipliée et était physiquement pleinement développée. Adam était un homme différent de ceux qui l'entouraient. L'être intérieur d'Adam avait été exposé au monde des symboles et il avait fait l'expérience du fonctionnement de l'esprit créatif. Toutes ses expériences et sentiments étaient complètement inconnus et étrangers aux gens qui l'entouraient. Parce qu'il en avait lui-même fait l'expérience, il a pu comprendre leur situation. Son rôle était d'aider les hommes ordinaires à reconnaître l'importance de percevoir le fonctionnement du moi-ego et de leur fournir une recette pour réformer leur esprit rationnel.

L'Adam du second chapitre de la *Genèse* représente une espèce différente parmi les hommes ordinaires. Il est le premier de la lignée des hommes parfaits qui sont nécessaires pour assister et superviser la partie ascendante du processus créatif. Son rôle était de guider les

---

[43] *The Way of the Sufi*, Idries Shah, 1980, p. 263 (Voir Note #19).

hommes ordinaires dans leur voyage vers l'Absolu. À ce stade, le processus fut transféré à l'homme. C'est pourquoi l'Absolu put se reposer « le septième jour ».

Jusque-là, l'homme n'avait joué qu'un rôle passif dans le processus. Depuis l'apparition d'Adam, l'homme doit faire des efforts délibérés pour initier, maintenir et poursuivre le processus évolutionnaire. Ce fut le début, ou la genèse, de la seconde partie de l'ascension. Cette phase du processus est appelée « évolution délibérée » ou « évolution consciente ». Elle a marqué la fin de la création mécanique. L'homme fut confronté à un défi incroyablement difficile et exigeant.

Avant qu'Adam ne puisse apparaître sous sa forme corporelle, l'humanité et l'environnement terrestre entier devaient être correctement préparés. Il y a une histoire dans le *Mathnawi* de Rumi qui illustre comment les « observateurs » du Macrocosme surveillaient les conditions sur Terre. Ces observateurs sont symboliquement appelés des anges. Il y eut quatre anges qui visitèrent la Terre. Leurs arrivées correspondent aux quatre phases de la formation de la Terre. À savoir, la première visite conduisit à l'effondrement de la fonction d'onde des mondes minéraux *(mode constructif)*, la seconde visite conduisit à la formation du monde végétal *(mode vital)*, la troisième visite conduisit au monde animal *(mode automatique)*, et la quatrième visite marqua la fin des préparatifs pour l'apparition de l'humanité *(mode rationnel)*. Comme toujours dans ce type d'histoires, le sens caché devient apparent lorsque l'on ne suit pas ce qui semble être la ligne directrice :

> Lorsque le Tout-Puissant décida de créer l'humanité, l'ange Gabriel fut envoyé pour ramener une poignée de terre dans le but de former le corps d'Adam. Gabriel se rendit donc sur la Terre pour exécuter l'ordre divin. Mais la Terre, craignant que l'homme ainsi créé ne se révolte contre le Créateur et n'attire une malédiction sur elle, protesta. Elle demanda à Gabriel de la

laisser tranquille et de partir. Finalement, Gabriel exauça son souhait et retourna au ciel sans prendre une poignée de terre. Dieu envoya alors l'ange Michel avec la même mission. Lorsque Michel atteignit la Terre, il avança la main pour saisir de l'argile. La Terre trembla et commença à le supplier, pleurant et donnant des excuses similaires. Michel écouta également ses pleurs et retourna au ciel les mains vides. Alors Dieu dit à l'ange Raphaël : « Va, remplis ta main de cette argile et reviens. » Mais Raphaël fut également détourné de l'exécution de la demande. Dieu envoya finalement Azraël, l'ange des résolutions fermes et de l'esprit fort. De nouveau, la Terre plaida, lui demandant d'avoir pitié. Azraël, qui était plus strict que les autres, ignora résolument les supplications de la Terre. Il lui dit qu'en exécutant cet ordre, si douloureux soit-il, il n'était qu'une lance entre les mains du Tout-Puissant. À son retour au ciel avec une poignée de terre, Dieu lui dit qu'il ferait de lui l'ange de la mort. Azraël craignit que cela ne le rende haïssable aux yeux des hommes. Mais Dieu lui dit qu'il opérerait indirectement, c'est-à-dire à travers les maladies, et les hommes ne rechercheraient pas la cause principale au-delà des effets secondaires. De plus, la mort est en réalité une bénédiction pour les sages. Seuls les imbéciles exigeraient que la mort n'existe pas.
(Mathnawi, V, 1556-1709)

Les visites des quatre anges furent nécessaires pour s'assurer que l'environnement terrestre soit prêt pour l'apparition de l'humanité. Ce n'est qu'une fois les conditions correctement établies que l'humanité a pu y apparaître. Il est intéressant de noter que l'environnement fut prêt au moment de la visite d'Azraël. Azraël est l'ange de la mort. Cela signifie que dès le début, l'apparition de l'homme fut enchevêtrée avec sa mort physique. Tout comme la création de l'Univers : dès le moment de sa création (le Big Bang), l'Univers fut immédiatement enchevêtré avec sa disparition.

Adam ne put apparaître sur la Terre qu'après la formation complète du cerveau de l'homme. Cette formation fut achevée lorsqu'une interface physique permettant l'activation des facultés intérieures fut implantée dans le cerveau. Ce fut l'adaptation finale du cerveau humain à la zone la plus élevée du champ de conscience disponible dans le monde physique, la dernière étape de la création mécanique. On peut considérer cette dernière étape comme la formation finale de l'ADN humain. Selon une suggestion récente, cette dernière étape de la création fut achevée il y a environ 40 000 à 60 000 ans. Cette dernière étape physique a été identifiée comme une adaptation du cerveau qui permit une opération simultanée des néocortex gauche et droit. Bien que les facultés intérieures soient restées dans leurs états latents, il y eut un certain sous-produit de cet ajustement final. À savoir, il déclencha l'imagination abstraite de l'homme. Cet événement a été décrit par Joe Griffin et Ivan Tyrrell dans leur livre *Godhead: The Brain's Big Bang* :

> … Cela déclencha une explosion de créativité qui favorisa les langages complexes, la pensée abstraite, la fabrication d'outils ingénieux, la production d'objets d'art - sculpture, dessin, peinture, vêtements décoratifs - et le symbolisme spirituel. … Nous pensons que le schéma de l'humain moderne n'a certainement pas pu se développer au coup par coup par le biais de petites avancées progressives avant la période du Paléolithique supérieur, comme certains scientifiques le croient. C'est parce que l'apparition de la créativité aurait nécessité que nos ancêtres aient fait des associations libres et imaginé des choses qui n'étaient pas devant eux. Pour ce faire, ils auraient dû entrer dans l'état REM de leur néocortex droit (ce que nous appelons aussi « l'esprit psychotique ») et rêver activement, ce

qui est dangereux car cela a le potentiel de déclencher la schizophrénie. La seule façon dont cela aurait pu être fait est qu'ils aient également accédé à la raison, à la logique et à l'attention focalisée, qui sont des fonctions du néocortex gauche, de pair avec l'accès à l'état REM. À moins que les cerveaux gauche et droit ne se soient enclenchés *simultanément*, la révolution de la rêverie n'aurait pu se produire. En effet, si durant des milliers d'années un hémisphère avait développé lentement sa domination, il aurait produit une créature schizophrène ou autistique. Dans un cas comme dans l'autre, l'humanité n'aurait pas survécu[44].

Cet événement marqua le début de la pensée abstraite et de la créativité artistique. Cet ajustement final dans le monde physique a été produit par un effet de champ, c'est-à-dire qu'il a été causé par un changement dans le champ de conscience. Par conséquent, il a eu un impact non seulement sur l'homme mais aussi sur l'environnement terrestre. Des effets secondaires ont été imprimés dans la nature et ont affecté le monde animal et le monde minéral. Cela explique l'inclination artistique de l'architecte, l'oiseau jardinier. Les compétences décoratives de l'oiseau jardinier sont peut-être juste une marque figée de cet événement qui déborda sur le monde animal. Une formation naturelle de rochers sur la Côte de granit rose en Bretagne, France, est une autre marque de cet événement laissée dans le monde minéral. Sculptés par les vagues, le vent, la glace, les marées et le sel, les granits roses ont pris des formes de plantes et d'animaux ainsi que des formes humaines étranges.

Le Big Bang du cerveau marque la fin de la période d'évolution mécanique. En d'autres termes, l'évolution mécanique se situe entre

---

[44] *Godhead: The Brain's Big Bang,* Joe Griffin and Ivan Tyrrell (HG Publishing, Chalvington, United Kingdom, 2011, p. 197).

le Big Bang et le Big Bang du cerveau[45]. Ensuite, l'homme fut pleinement préparé pour la phase suivante du processus : l'évolution délibérée. L'humanité était prête pour l'apparition du premier homme parfait.

Comme indiqué précédemment, l'homme n'était pas en mesure de remplir sa mission tout seul. L'humanité avait besoin d'accéder à des modes de conscience supérieurs. En premier lieu, elle eut besoin de conseils et d'assistance. Physiquement, les hommes étaient semblables à Adam. Mais Adam avait fait l'expérience des états supérieurs, il avait déjà voyagé dans le monde des symboles. Il savait donc comment y retourner.

À ce stade, il est intéressant de rappeler que, selon les Samaritains, tous les enseignements mystiques proviennent d'un seul livre : *Le Livre des Signes* qu'Adam aurait apporté avec lui du paradis. C'est ce livre qui lui aurait donné du pouvoir sur les éléments et les choses invisibles[46].

L'apparition d'Adam marqua le début de la partie critique du processus investi dans l'humanité. Le sort des hommes est depuis lors entre leurs propres mains.

***

L'esprit de l'homme est une réplique du Macrocosme. Dans son état naturel, cependant, un voile sépare la conscience ordinaire des états supérieurs. La conscience de l'homme ordinaire est trop brute pour

---

[45] Comme indiqué dans le chapitre précédent, une évolution délibérée fut déclenchée il y a environ 10 000 ans. Cela signifie qu'Adam apparut parmi les hommes ordinaires 30 000 à 50 000 ans après le Big Bang du cerveau.
[46] *Oriental Magic*, Idries Shah (The Octagon Press, London, 1992, p. 11).

percevoir la présence des mondes multiples qui l'entourent. C'est pourquoi on dit que, dans son état ordinaire, l'homme est infiniment loin de l'Absolu. Cependant, cette « séparation » ne signifie pas « distance » ou « emplacement ». Il n'y a pas d'autre emplacement. Tout est dans l'esprit humain :

> Nous sommes plus près de lui que sa veine jugulaire.
> *(Coran, 50:16)*

Adam est le premier de la lignée des hommes parfaits qui, de temps en temps, sont apparus pour servir l'homme et le sauver de sa « cécité » en le réveillant de son sommeil. Ces hommes sont en contact avec la matrice cosmique de leur époque. Ils sont comme des « médecins cosmiques » qui apportent des « médicaments » contre l'amnésie mentale des hommes. Ces « médecins cosmiques » vivent souvent dans le monde de façon presque inaperçue. Ils sont de toutes les races et appartiennent à toutes les croyances.

Ces « médecins cosmiques » sont de la lignée génétique d'Adam. Ils peuvent être considérés comme les héritiers de l'ADN spirituel d'Adam. C'est en ce sens qu'ils forment une espèce différente parmi les hommes ordinaires. Contrairement à Adam, cependant, ils doivent vivre volontairement « l'expulsion du paradis ». Au début de leur vie, chacun d'eux doit suivre son inclination naturelle pour accomplir un voyage personnel dans le Macrocosme. Ils ont chacun une destination spécifique dans le Macrocosme et doivent se détacher des plaisirs terrestres pour y arriver. Leur destination dans le monde invisible est déterminée par les besoins évolutionnaires de la communauté au sein de laquelle ils doivent travailler après leur retour. Au cours de leur ascension, leur faculté du moi est progressivement « dissoute ». Ensuite, ils doivent retourner sur terre. Alors qu'ils redescendent, ils se réintègrent à eux-mêmes avec une composition différente de l'originale. Ce changement est le résultat des expériences et des connaissances qu'ils acquièrent au cours de leur voyage. À leur retour dans le monde physique, ils deviennent de nouveaux hommes. Ils sont maintenant transmutés.

Lorsqu'ils sont sur terre, ces docteurs cosmiques ne sont pas dans leur propre pays, car leur propre pays est au-delà du monde physique. Les changements qu'ils ont subis restent imperceptibles aux hommes ordinaires. En d'autres termes, ils ne font pas partie des hommes ordinaires, et pourtant ils en font partie. Leur relation avec eux ressemble à celle de l'or raffiné par rapport au minerai. Cela signifie que bien que leur forme extérieure et même une partie de leur essence puissent être visibles, leur profondeur ne se dévoile qu'à ceux qui sont suffisamment développés pour la comprendre et la percevoir :

> Toutes les nuances du « concept d'étranger » doivent être ressenties si l'on veut appréhender le paradoxe du « sauveur venu de loin » et le faire fonctionner au sein de l'organisme dans lequel il apparaît[47].

Le processus de synthèse divine nécessite un éventail ou spectre d'hommes parfaits dans le Macrocosme. Au sommet de ce spectre se trouve l'empreinte imperturbable de l'homme parfait. La réalité de l'homme parfait est la première reconnaissance de l'Absolu par lui-même, l'accomplissement du but de la création.

Au niveau inférieur de ce spectre se trouve le symbole de l'homme parfait représenté par « Adam ». Dans le Macrocosme, il existe un certain nombre de modèles d'hommes parfaits qui représentent les

---

[47] *The Commanding Self*, Idries Shah (The Octagon Press, London, 1994, p. 35).

différents degrés de conscience entre le niveau « d'Adam » et le niveau de « Mahomet ».

Dans les Écritures, les manifestations terrestres de ces divers degrés d'homme parfait sont appelées prophètes et messagers. Ces diverses manifestations de l'homme parfait sont apparues sur la Terre à différents moments de l'histoire. Leurs apparitions sont associées aux étapes clés de l'évolution volontaire de l'homme. Une partie de leur fonction était de rendre disponibles les différents modes d'oscillation du champ de conscience universel. Ces modes de conscience furent mis à la disposition des hommes ordinaires à différents moments de l'histoire planétaire de la Terre. Chaque mode d'oscillation fut nécessaire à l'activation d'une faculté intérieure spécifique de l'esprit humain, chaque mode de conscience avait un potentiel de développement plus élevé que le précédent. Chaque nouveau mode d'oscillation requérait l'aide d'un guide qui agirait en tant que facilitateur de ces nouvelles capacités.

Le rôle des guides est de préparer et d'aider les hommes à bien assimiler ces nouvelles potentialités évolutionnaires. Ces dernières, progressivement croissantes, sont symboliquement évoquées dans les mots suivants écrits par Omar Suhrawardi, auteur persan du 13ème siècle :

> La semence de la Sagesse Divine
> fut semée à l'époque d'Adam
> germa à l'époque de Noé
> bourgeonna à l'époque d'Abraham
> devint un arbre à l'époque de Moïse
> donna des fruits à l'époque de Jésus
> et produit du vin pur à l'époque de Mohammed[48].

---

[48] Cité dans les notes de l'éditeur de *The Authentic Rubaiyyat of Omar Khayaam*, traduit par Omar Ali-Shah (IDSI, Los Angeles, CA, 1993, p. 7).

L'apparition d'Adam, le premier homme parfait sur la Terre, correspond au moment où le cerveau de l'homme fut doté d'une interface permettant l'activation des facultés intérieures de l'esprit. À cette époque, l'humanité fut confrontée au défi incroyablement difficile de faire face à une explosion soudaine d'imagination et de pouvoirs intellectuels. Ce fut le moment d'apprivoiser le moi-ego, la faculté qui était renforcée par ces nouvelles capacités du cerveau humain. Ce fut le moment de réorganiser la hiérarchie intérieure des facultés ordinaires de l'intellect, du cœur et du moi. Adam était parfaitement préparé pour cette tâche, car il avait déjà fait lui-même l'expérience de ces défis dans le monde des symboles.

L'étape évolutionnaire suivante fut marquée par l'apparition de Noé. Ce fut le moment de la formation de l'esprit créatif. Cette étape a nécessité l'activation des facultés de l'Âme et du Secret. Ceci est symboliquement indiqué dans l'histoire de Noé et de son arche à trois niveaux, qui est une représentation du Cosmos composé du monde animal, de l'humanité et du Macrocosme.

L'homme parfait suivant apparut lorsque le temps vint de la formation de l'esprit sublime. L'apparition d'Abraham correspond à l'expérience de la faculté du Mystérieux.

L'apparition de Moïse marqua la mise à disposition des perceptions associées à la faculté du Dissimulé.

L'apparition de Jésus marqua la première expérience de la forme la plus élevée de la triplicité ascendante. Dans les traditions de Jésus, cette rencontre est appelée les « trois divinités » :

> Jésus dit : « Là où il y a trois divinités, elles sont divines. Là où il y en a deux ou une, je suis avec celle-là. »
> *(Évangile selon Thomas, 30)*

De cette façon, Jésus indiqua que lui-même représentait la plus haute forme de triplicité. Il savait que ses disciples étaient incapables de percevoir ce fait. Il les aida donc, en leur disant qu'ils étaient exposés aux « trois divinités » par sa présence, même s'ils ne pouvaient pas les voir.

L'apparition de Mahomet marqua l'arrivée pour la première fois d'un homme dans le voisinage immédiat de l'Absolu. Il fut ainsi donné à l'homme ordinaire la possibilité d'arriver à sa destination finale.

Chacun de ces six millénaires spirituels est traditionnellement associé à un individu, par exemple Adam, Noé, Abraham, Moïse, Jésus ou Mahomet. Cela ne signifie pas qu'il n'y eut qu'un seul individu exposé à l'expérience évolutionnaire spécifique à son époque. En réalité, chacune de ces personnes est représentative d'un groupe de personnes qui ont vécu la même expérience ou une expérience similaire à ce moment-là. Le commentaire de Jésus rapporté dans l'*Évangile selon Thomas* fait allusion à ce fait :

> Jésus dit : « D'Adam à Jean-Baptiste, parmi ceux qui sont nés de femmes, il n'y eut personne de plus grand que Jean-Baptiste. … Mais j'ai dit que quiconque parmi vous devient un enfant connaîtra le royaume et surpassera Jean. »
> *(Évangile selon Thomas, 46)*

Ce fut pendant ces six millénaires spirituels du monde antique qu'une série de potentialités évolutionnaires fut mise à la disposition de l'homme. Depuis lors, c'est à l'homme d'exploiter pleinement son potentiel. C'est pourquoi on peut dire que l'homme vient de loin, de si loin qu'en parlant de son origine, on peut utiliser des expressions comme « d'au-delà des étoiles ». Certains des sentiments et des attirances de l'homme pour les formes naturelles de la beauté sont des signes de cette origine. Dans la littérature mystique, ces diverses formes d'attractions sont souvent appelées « amour ». Dans son état naturel ordinaire, l'homme est attiré par des formes qui appartiennent à la zone la plus basse du champ de conscience universelle. Ces formes se manifestent dans le monde physique comme des étoiles, des fleurs, des oiseaux, des paysages, d'autres personnes. Les attirances de l'homme sont facilitées par ses sens physiques de la vue, du toucher, de l'ouïe, du goût et de l'odorat. D'autres types d'attirances sont stimulés par ses facultés du moi (avidité, domination), du cœur (sensualité, émotivité) et de l'intellect (science, art). Toutes ces attractions sont limitées à ce qui se manifeste dans le monde physique. À mesure que l'homme développe ses facultés intérieures, il devient attiré par les diverses formes et qualités contenues dans les mondes invisibles. De cette façon, son répertoire « d'amour » s'enrichit. Cette phase du processus peut être comparée à des raffinements de la vraie réalité qui est projetée de la Source. Il y a une séquence de raffinements successifs, chacune paraissant absolue dans son propre domaine de perception de la beauté.

***

Les expériences de Mahomet pendant son voyage nocturne fournissent des détails importants qui aident grandement à comprendre la dynamique de l'ensemble du Cosmos. Selon une tradition brièvement mentionnée dans le Coran, il fit un voyage à travers tout le Macrocosme. Pendant son ascension, on lui montra une échelle, qu'il utilisa avec l'ange Gabriel pour faire l'ascension des sept niveaux du ciel. Sur son chemin, il rencontra plusieurs prophètes, dont Abraham, Moïse et Jésus. Gabriel ne fut pas autorisé à franchir le septième ciel et Mahomet continua seul. À un moment donné, il se retrouva dans la proximité immédiate de l'Absolu. Cette proximité est décrite symboliquement dans le Coran comme étant « deux longueurs d'arc », c'est-à-dire à l'intérieur d'un cercle formé par deux arcs :

À une distance de deux longueurs d'arc ou encore plus près
(Coran, 53:9)

La distance de « deux longueurs d'arc » indique que l'expérience humaine, représentée symboliquement par « Mahomet », n'était pas encore complètement achevée à cette époque. Mahomet n'a pas été anéanti en présence de l'Absolu. Il y avait encore en lui « deux longueurs d'arc » de traces terrestres. Afin de purifier complètement son esprit, Mahomet, comme tous les prophètes avant lui, dut retourner sur terre et achever son service à l'humanité. Ce n'est qu'après sa mort physique qu'il put continuer son voyage jusqu'à l'expérience ultime.

Après la mort de Mahomet, la fonction de gardien de l'évolution humaine fut confiée à une lignée de guides qui sont nécessaires pour nourrir le développement de l'humanité. Leur rôle est de faciliter l'activation des facultés intérieures de l'esprit humain. Les guides, comme les prophètes avant eux, doivent faire l'expérience de l'arc d'ascension (leur « voyage de nuit » personnel) puis revenir pour accomplir leur service. À la suite de leurs expériences, ils ont accès à un ensemble de modes du champ de conscience. Le niveau de leur ascension est corrélé aux besoins et aux potentialités des communautés au sein desquelles ils vivent. Ils agissent comme des *observateurs* actifs de leur communauté et leur fonction est de diriger le processus évolutionnaire. Les guides sont capables d'effondrer les zones nodales des modes supérieurs du champ de conscience universelle. Les zones d'effondrement peuvent être focalisées sur un individu, un groupe de personnes, un événement ou être temporairement attachées à un objet ou une structure spécialement conçu. Une telle capacité du guide est évoquée dans les expressions « donner une bénédiction » ou « invoquer la baraka ». Dans le cas d'un individu, un guide peut activer ses facultés intérieures en fonction de sa potentialité si cette personne s'est correctement préparée à une telle expérience. Cependant, la préparation ne nécessite pas la maîtrise complète du moi-ego. Un guide peut amener certains individus au-dessus de la zone intermédiaire. Cette expérience peut être induite avant la mort physique de ces personnes. De cette façon, leur cheminement spirituel peut être considérablement accéléré.

En donnant accès à des oscillations plus élevées du champ de conscience universelle, un guide aide à franchir la barrière entre le monde physique et les mondes invisibles. C'est possible, car le guide est présent dans le monde physique mais son esprit opère dans le Macrocosme, c'est-à-dire de l'autre côté de la zone intermédiaire. Il a accès aux modes d'oscillation supérieurs du champ de conscience universel. Par conséquent, il est capable d'activer les oscillations qui correspondent aux facultés intérieures. De cette façon, l'esprit d'une personne peut être élevé à un état supérieur.

Il y a un effet analogue qui a été découvert par la physique moderne et est connu comme un saut quantique ou une transition électronique atomique. Dans cet effet, un électron peut sauter d'une orbite inférieure à une orbite supérieure en absorbant une impulsion d'énergie externe (photon). De cette façon, l'énergie de l'électron est augmentée d'une quantité discrète.

Induire l'activation des facultés intérieures de l'esprit peut être comparé à une greffe d'arbres ou de fleurs. Un guide est donc capable d'anoblir une personne en greffant un échantillon de matrice évolutionnaire sur son être intérieur. C'est pourquoi il peut être comparé à un jardinier qui, par ses compétences en greffage, est capable de cultiver de nouvelles espèces dans son jardin. Une telle greffe permet de gagner l'immortalité, c'est pourquoi elle est souvent qualifiée de maîtrise du « temps ». Shakespeare fait référence à ce processus dans ses sonnets. Dans le Sonnet XV, le mentor du poète[49] indique qu'il peut l'aider à gagner la « guerre avec le temps » :

> Et en guerre avec le temps par amour pour toi
> Au fur et à mesure qu'il te prend, je te regreffe.
> *(Sonnet XV, 13-14)*

Un individu, cependant, doit être capable de reconnaître son guide pour que le guide puisse induire des expériences constructives. Reconnaître un homme parfait n'est possible que lorsque le postulant, homme ou femme, est « sincère ». Pour atteindre ce stade de sincérité, l'homme doit apprendre à mettre de côté les hypothèses automatiques basées sur des règles utilisées pour tester d'autres types de phénomènes. Voici un exemple d'une telle réalisation. Il vient d'un épisode de la vie de Jalaluddin Rumi :

> Par un matin froid de novembre, le mystérieux derviche Shams se tenait devant l'auberge des marchands de sucre à Konya. À ce moment-là, Jalaluddin Rumi passa par là. Rumi était assis sur son cheval tandis que ses élèves s'efforçaient de marcher à côté de lui et de lui tenir l'étrier. Il venait de donner un cours au collège des marchands de coton.
> Shams bondit de la foule, saisit la bride du cheval et cria : « Dis-moi, Mahomet est-il le plus grand serviteur de Dieu, ou est-ce Bayazid de Bastam ? »

---

[49] Il y a deux voix dans les Sonnets, le poète et son mentor - voir *Shakespeare's Sonnets or How heavy do I journey on the way*, W. Jamroz (Troubadour Publications, Montreal, 2014, p. 7).

> Rumi sentit les yeux de Shams regarder par-delà les siens jusque dans l'essence même de son être, provoquant des flux d'énergie dans son corps. Rumi répondit : « Mahomet était incomparablement le plus grand - le plus grand de tous les prophètes et saints. »
>
> Puis Shams dit : « Comment se fait-il que Mahomet ait dit : 'Nous ne Vous avons pas connu comme Vous devriez l'être', tandis que Bayazid dit : 'Gloire à moi ! Que ma gloire est immense' ? »
>
> En entendant cela, Rumi s'évanouit. Lorsqu'il revint à lui, il expliqua :
>
> « La soif de Bayazid fut étanchée par une seule tasse, et sa capacité fut satisfaite par un courant d'air, tandis que la soif et la capacité du prophète étaient illimitées et étaient au-delà de toute mesure. »[50]

Le point important de cette rencontre est que lorsque Shams posa sa question, Rumi ne connaissait pas la réponse. Shams exposa Rumi à un niveau de conscience plus élevé. Lorsque Rumi revint de ce bref « voyage », il connaissait la réponse. C'est de cette manière que Shams choisit Rumi comme élève et que Rumi reconnut Shams comme son guide.

L'histoire « Le sultan qui devint un exilé » donne un exemple de la façon dont un guide est capable de provoquer une expérience extraordinaire chez un homme. La qualité d'une telle expérience est cependant fonction de la préparation de cet homme. Comme il est expliqué dans la conclusion de l'histoire, dans le cas d'un homme non préparé, une telle expérience a une valeur limitée :

---

[50] Cette version de l'histoire a été extraite par l'auteur de *The Whirling Dervishes*, Shems Friedlander (State University of New York Press, Albany, NY, 1992, p. 45).

Un SULTAN d'Egypte, raconte-t-on, convoqua une conférence de savants, et très vite - comme c'est généralement le cas - un différend éclata. Le sujet était le voyage nocturne du prophète Mahomet. On dit qu'à cette occasion, le prophète fut emporté de son lit vers les sphères célestes. Au cours de ce voyage, il vit le paradis et l'enfer, conféra avec Dieu quatre-vingt-dix mille fois, eut de nombreuses autres expériences - et revint dans sa chambre alors que son lit était encore chaud et qu'un pot d'eau renversé par le vol n'était toujours pas vide.

Certains estimèrent que cela était possible, par une mesure différente du temps. Le sultan affirma que c'était impossible.

Les sages dirent que tout était possible au pouvoir divin. Cela ne satisfit pas le roi.

La nouvelle du conflit arriva finalement au cheikh soufi Shahabudin, qui se présenta immédiatement à la cour. Le sultan fit preuve d'humilité envers le maître, qui déclara : « J'ai l'intention de procéder sans plus attendre à ma démonstration : car sachez désormais que les deux interprétations du problème sont incorrectes et qu'il existe des facteurs démontrables qui peuvent expliquer les traditions sans nécessiter de recourir à une spéculation grossière ou à une 'logique' insipide et mal informée. » ...

Le cheikh ordonna de faire apporter un récipient d'eau, et que le sultan y mette la tête pendant un moment. Dès qu'il l'eut fait, le sultan se retrouva seul sur une côte déserte, dans un endroit qu'il ne connaissait pas.

Devant ce sortilège magique du cheikh perfide, il fut pris de fureur et jura vengeance.

Bientôt, il rencontra des bûcherons qui lui demandèrent qui il était. Incapable d'expliquer son véritable état, il leur dit qu'il avait fait naufrage. Ils lui donnèrent des vêtements et il se rendit dans une ville où un forgeron, le voyant errer sans but, lui demanda qui il était. « Un marchand naufragé maintenant sans ressources et dépendant de la charité des bûcherons », répondit le sultan.

L'homme lui parla alors d'une coutume de ce pays. Tout nouvel arrivant pouvait demander à la première femme qui quittait les bains de l'épouser, et elle serait obligée de le faire. Il alla au bain et vit une belle jeune fille en sortir. Il lui demanda si elle était mariée. … Elle répondit qu'elle ne l'était pas, mais elle continua son chemin, offensée par son apparence et sa robe misérable.

Soudain, un homme apparut devant lui et lui dit : « J'ai été envoyé ici à la recherche d'un homme en loques. S'il vous plaît, suivez-moi. »

Le sultan suivit le serviteur et fut conduit à l'un des somptueux appartements d'une maison magnifique où il attendit assis pendant des heures. Finalement, quatre belles femmes magnifiquement vêtues entrèrent, précédant une cinquième, encore plus belle. Le sultan reconnut en elle la femme qu'il avait approchée aux bains.

Elle lui souhaita la bienvenue et lui expliqua qu'elle s'était précipitée chez elle pour préparer sa venue et que sa hauteur n'était qu'une des coutumes du pays, pratiquée par toutes les femmes dans la rue. …

Le sultan vécut sept ans avec sa nouvelle épouse jusqu'à ce qu'ils aient gaspillé tout son patrimoine. Puis la femme lui dit qu'il devait maintenant subvenir à ses besoins et à ceux de ses sept fils.

Se souvenant de son premier ami rencontré dans la ville, le sultan retourna chez le forgeron pour lui demander conseil. Comme le sultan n'avait ni métier ni formation, il lui conseilla de se rendre au marché et d'y offrir ses services comme porteur.

En une journée, il ne gagna, et cela en portant une charge terrible, qu'un dixième de l'argent nécessaire à la nourriture de sa famille.

Le lendemain, le sultan retourna vers le bord de mer, où il trouva l'endroit même d'où il était sorti sept longues années plus tôt. Décidant de faire ses prières, il commença par se laver dans l'eau : quand il se retrouva soudainement et spectaculairement dans son palais, avec le vase d'eau, le cheikh et les courtisans.

« Sept ans d'exil, homme diabolique ! » rugit le sultan. « Sept ans, une famille et devoir être porteur ! N'avez-vous pas peur de Dieu, le Tout-Puissant, pour cet acte ? »

« Mais il ne s'est passé qu'un instant », déclara le maître soufi, « depuis que vous avez mis la tête dans l'eau. »

Les courtisans confirmèrent sa déclaration.

Le sultan ne put se résoudre à en croire un mot. Il commença à donner des ordres pour faire décapiter le cheikh. Percevant par une sensation intérieure que cela allait se produire, le cheikh exerça la faculté appelée Ilm el-Ghaibat : la science de l'absence. Il put ainsi être transporté instantanément et corporellement à Damas, à bien des jours de distance.

De là, il envoya une lettre au roi :

« Sept ans se sont écoulés pour vous, comme vous l'avez maintenant découvert, pendant que votre tête n'était dans l'eau qu'un instant. Cela s'est produit par l'exercice de certaines facultés et n'a aucune signification particulière, sauf celle d'illustrer ce qui peut se produire. ...

« Ce n'est pas qu'une chose se soit produite ou non qui est l'élément important. Tout est possible. Ce qui est important, cependant, c'est la pertinence de l'événement. Dans votre cas, il n'y avait aucune pertinence. Dans le cas du prophète, l'événement était pertinent. »[51]

Les aventures du sultan témoignent de son état intérieur. Le sultan n'est pas en mesure de survivre dans le monde invisible (« un lieu qu'il ne connaissait pas »). Bien qu'il existe des modes de conscience supérieure disponibles (des femmes qui ne sont « pas mariées »), il n'est pas capable de développer ses facultés intérieures. Ceci est

---

[51] *Tales of the Dervishes*, Idries Shah, p. 35 (voir Note #30).

symboliquement illustré par son incapacité à subvenir aux besoins de sa femme et de ses « sept fils ».

***

L'homme parfait doit remplir deux rôles. Le premier consiste à organiser l'environnement de l'homme pour que celui-ci soit sûr, juste et pacifique, et à établir et à soutenir des communautés. Une communauté fonctionnant correctement aide et encourage les hommes ordinaires à ajuster leurs actions de manière à s'harmoniser avec cette communauté. Cela fournit le modèle externe d'un esprit équilibré et aide à la formation d'un esprit rationnel fonctionnant correctement. En d'autres termes, il s'agit du minimum requis pour la préservation de la race humaine.

Le second rôle est intérieur, il est de conduire les gens d'une stabilisation externe à un niveau de performance qui les éveille et contribue à les rendre permanents.

La descente de l'âme

L'amour humain ordinaire a le potentiel d'élever l'homme vers l'expérience du véritable amour.
(Hakim Djami)

C'est l'état de l'esprit humain qui guide l'histoire et la prospérité des sociétés. À différents moments historiques, divers nœuds du champ de conscience ont été volontairement activés au sein de communautés sélectionnées dans certaines zones géographiques désignées. La naissance et la mort de chaque civilisation a été planifiée selon le plan cosmique global. De cette manière, différentes civilisations se sont développées successivement. Les divers nœuds du champ de conscience, sous leurs formes d'ondes, ont été entreposés dans des structures architecturales spécialement conçues pour cela telles que certains bâtiments, places de villes, châteaux, cathédrales, monastères, jardins. Ces structures ont alors servi d'entrepôts temporaires pour les fonctions d'onde spécifiques du spectre évolutionnaire dans ces zones géographiques désignées.

Parfois, ces structures avaient des formes inhabituelles qui soulevèrent toutes sortes de questions quant à la raison même de leur existence. Par exemple, Castel del Monte est l'une des structures les plus spectaculaires du sud de l'Italie. On peut le considérer comme une version simplifiée de l'opérateur scientifique de l'équation « tonnelle ». Construit en pierre locale, l'empreinte octogonale massive en forme de couronne possède deux étages et 16 pièces trapézoïdales, huit par étage. Il y a une tour octogonale à chacun des huit coins. Castel del Monte a été décrit par les historiens comme une « construction idéale et inutile » et un « labyrinthe bizarre ». Un défi similaire pour les historiens est soulevé par le bâtiment octogonal connu sous le nom de Tour Evraud dans l'abbaye de Fontevraud en France. Ce bâtiment est surmonté d'une hotte octogonale et est entouré de huit niches rondes. Là aussi, le but de cette étrange structure est aujourd'hui encore un sujet controversé. Certains croient que les niches ont servi de foyers gigantesques et que, par conséquent, la Tour Evraud était utilisée comme cuisine, d'autres soutiennent que c'était un fumoir.

Ces lieux « sensibilisés » deviennent souvent des lieux de pèlerinage car ils attirent les gens qui y perçoivent quelque chose de spécial. En leur rendant visite, on peut y ressentir quelque chose de positif. Cependant, chacun de ces endroits a une capacité limitée d'absorber la négativité associée à l'émotivité et au fanatisme qui sont souvent apportés par une foule énorme de visiteurs. Par conséquent, après un certain temps, un tel endroit peut « fermer » sa charge évolutionnaire. À ce stade, ces lieux sont généralement détruits ou transformés en lieux d'arts, de divertissement ou d'autres activités commerciales.

***

Dans le monde entier, le Taj Mahal, mausolée de l'impératrice moghole Mumtaz Mahal, est synonyme de l'Inde. Le Taj Mahal, l'une des sept merveilles du monde moderne, est sans aucun doute l'un des édifices les plus spectaculaires. Il contient des éléments de la tonnelle de l'oiseau de paradis et certaines caractéristiques de la figure géométrique cristalline des physiciens théoriciens. Mais il y a autre chose, quelque chose qui ne peut être reproduit ni par la nature ni par l'esthétique des équations mathématiques.

L'un des aspects les plus frappants et les plus fascinants du Taj Mahal réside dans sa forme qui est une représentation du voyage d'une âme à travers les différentes strates cosmiques. Le Taj Mahal n'illustre pas seulement ce voyage, il permet aussi d'en faire l'expérience.

En février 2004, j'étais avec des amis à Agra, en Inde, où se trouve le Taj Mahal. Voici mon récit d'une telle expérience :

> Nous avions quitté notre hôtel tôt le matin, avant l'aube. Nous voulions voir le Taj Mahal au lever du soleil. Il y avait déjà beaucoup de monde. C'était une foule mixte de touristes, de mendiants, d'hommes âgés et décrépits, de mères avec de jeunes enfants quémandant de l'argent, de jeunes garçons essayant agressivement de vendre leurs marchandises. C'était assez chaotique, gênant et parfois même irritant.
> L'accès au Taj Mahal se fait par le portail voûté de la tour rouge. Cette tour est décorée d'inscriptions calligraphiques qui incluent le texte du verset coranique « l'aube naissante ». Métaphoriquement, l'entrée représente la naissance d'une nouvelle âme. Passer par ce portail était comme expérimenter le point de transition entre le néant et l'arrivée dans le Macrocosme. En effet, après avoir franchi le portail, nous sommes entrés dans un monde tout à fait différent. Nous avons vu le jardin et puis, au loin, la silhouette des murs, coupoles et minarets du Taj Mahal.
> La création du Taj Mahal remonte à l'époque de la conquête de l'Inde par les armées mogholes. Shah Jahan (1592-1666) était un soldat et un homme d'État. Il était le petit-fils du grand Akbar (1542-1605).
> Shah Jahan passa la majeure partie de sa vie dans des campagnes militaires. Sa femme, la belle Mumtaz Mahal (le trésor du palais) était sa fidèle compagne. En 1631, lors de l'une de ces expéditions militaires, Mumtaz Mahal mourut.

Il existe une légende intéressante concernant le plan du jardin et du Taj Mahal. Selon celle-ci, Mumtaz Mahal, alors qu'elle était sur son lit de mort, demanda à Shah Jahan de lui construire la belle tombe en forme de palais avec un jardin luxuriant qu'elle avait vue en rêve la nuit précédente. Après sa mort, le roi envoya chercher les architectes. Ceux-ci soumirent divers plans pour le tombeau mais il n'approuva aucun d'entre eux. Il y avait un sage à Agra. Il apporta au roi un plan unique qu'il présenta au roi en disant : « Ceci est le plan du palais et du jardin que la reine a vu dans son rêve. Je vous le donne pour exécuter sa volonté. » Le roi approuva le plan et le Taj Mahal fut donc construit. La construction commença en 1631 et s'acheva vingt-deux ans plus tard. Au total, vingt mille personnes y travaillèrent.

Récemment, un nouvel élément a été découvert qui ajoute une nouvelle dimension à la légende citée ci-dessus. À savoir, il a été constaté que la conception du jardin et du Taj Mahal est basée sur un schéma décrit par Ibn Al-Arabi, un mystique andalou du 12ème siècle. Dans l'ouvrage d'Ibn Al-Arabi intitulé *Les illuminations de la Mecque*, ce diagramme était celui du Jardin du Paradis qu'il visita au cours d'un voyage spirituel. C'est ce schéma qui a servi de modèle à ce qui est largement considéré comme le plus beau bâtiment du monde.

Je me suis arrêté, stupéfait, pour contempler le Taj Mahal. C'est une très grande structure. Le mausolée, au lieu d'occuper le point central - comme c'est le cas ailleurs en Asie centrale - se dresse majestueusement à l'extrémité nord, juste au-dessus de la rivière Jumna. Au centre du jardin, à mi-chemin entre le mausolée et le portail, il y a un plan d'eau surélevé. Le plan d'eau a été aménagé pour refléter parfaitement le Taj Mahal. Le reflet est si parfait, qu'il ressemble à l'original, et c'est le Taj Mahal qui semble être son reflet dans un autre monde. Ce plan d'eau alimente quatre canaux qui coulent vers le nord, le sud, l'ouest et l'est. Ils représentent les quatre facultés intérieures qui se rejoignent pour former la cinquième faculté qui permet de voir la réalité. Le « corps » terrestre (le Taj Mahal) n'est qu'un reflet partiel de cette réalité.

Des fontaines et des rangées de cyprès ornent les canaux d'eau qui sont orientés dans la direction nord-sud. Ainsi, l'attention du visiteur est détournée des côtés et est attirée vers le nord, où réside le Taj Mahal. Dans la lumière changeante du soleil levant, je ne pouvais distinguer aucun des détails du mausolée. Le jardin était rempli de parfum de fleurs. Il y avait plein d'oiseaux qui chantaient joyeusement. Je pouvais sentir sur mon visage la brise fraîche et humide du matin. Le Taj Mahal paraissait lumineux. Les coupoles blanches et les minarets blancs semblaient émettre une lumière qui leur était propre. Je suis resté un moment à regarder le Taj Mahal, essayant de saisir et d'imprimer dans ma mémoire tous les détails du bâtiment et de tout le reste autour de moi. C'était une scène merveilleuse ! J'avais l'impression que le Taj Mahal était vivant. Tout cet endroit était comme une créature vivante. Elle respirait, elle bougeait, elle chantait, elle grandissait, elle changeait de couleurs. Au début, juste avant le lever du soleil, le Taj Mahal était blanc, à peine visible sur le ciel bleu. Puis il devint rougeâtre dans les rayons du soleil levant. Ensuite, il devint jaune. Comme une fleur, il poussait et se balançait dans la brise du matin. J'aurais pu rester là pour toujours - envoûté par la vue magnifique. Mais ce n'était pas seulement la vue. C'était le sentiment que cette image remuait profondément à l'intérieur. Il semble que le Taj Mahal ait été conçu de telle manière que le portail voûté obligerait les visiteurs à passer par un point focal où ils se retrouvent au centre de tous les impacts qui rayonnent vers eux, à savoir images, couleurs, sons, senteurs, brise, mouvements. Et tout cela déclencherait quelque chose au plus profond de leurs êtres, quelque chose de très intime, harmonieux et joyeux.

Nous commençâmes à marcher vers le Taj Mahal qui nous attirait vers lui comme un énorme aimant. Ce fut un parcours passionnant, comme de voyager sur un engin zoomant à travers l'espace, le temps et les impressions. Le mausolée grandissait sous nos yeux et devenait de plus en plus gros. En même temps, l'image du jardin diminuait. À sa place, les détails de la décoration et de la forme du bâtiment apparaissaient graduellement à notre vue. Je pouvais encore sentir l'impact initial du portail voûté, mais la source de cet impact n'était plus là. D'une certaine manière, cette source était progressivement voilée.

Nous nous approchâmes de la plate-forme en marbre sur laquelle se dresse le Taj Mahal avec ses minarets aux quatre coins. Les portails du Taj Mahal sont ornés du texte du verset « Ya-Sin », avec ses mots puissants : « Sois, et cela est ». Les calligraphes de Shah Jahan ont réalisé un tour d'optique incroyable en incrustant cette calligraphie de pierre noire dans le marbre blanc. C'est la même astuce de fausse perspective utilisée par l'architecte, l'oiseau jardinier. Les lettres sont inscrites densément en bas, avec peu de surface libre entre elles. Au fur et à mesure que l'inscription s'élève, elle devient de plus en plus clairsemée avec plus de surface libre entre chaque lettre. Cela donne l'impression que le lettrage est de la même taille, en haut et en bas.

Les murs extérieurs du Taj Mahal sont faits de panneaux de marbre blanc qui sont décorés de fleurs sculptées incolores. Je me souviens avoir été surpris en les regardant. D'une manière ou d'une autre, ces panneaux de marbre élaborés étaient assez simples et ils ne semblaient pas tout à fait achevés. Il leur manquait quelque chose.

Nous nous rapprochâmes et arrivâmes aux portes menant à l'intérieur du mausolée. A l'intérieur, deux étages de huit pièces entourent une chambre centrale octogonale. L'intérieur du mausolée est comme une structure géométrique multidimensionnelle. L'ensemble des murs intérieurs est recouvert de fleurs en pierre, de portes et de fenêtres sculptées. Ces fleurs magnifiques sont faites de pierres de couleur incrustées dans le marbre blanc. Au milieu, entourées d'un treillis de marbre sculpté, se trouvent deux tombes blanches, au centre la tombe de l'impératrice, et à côté celle de Shah Jahan. Les tombes sont alignées le long de l'axe Nord-Sud, et au-dessus d'elles une lampe à huile d'olive brûle dans une lanterne en laiton.

Plus je regardais, plus je sentais clairement qu'il y avait quelque chose d'étrange. J'avais le sentiment qu'il y avait un message que les architectes du Taj Mahal s'étaient efforcés de transmettre à ceux qui venaient visiter ce lieu étonnant.

J'ai regardé la lampe à huile qui brûlait au-dessus du tombeau. La lumière qui scintillait au-dessus du tombeau était petite et insignifiante par rapport à la luminosité du Taj Mahal. Mais cette lampe était la seule chose vivante à l'intérieur de la chambre ! C'était la seule chose qui rappelait la créature vivante que j'avais rencontrée dans le jardin. Tout le reste à l'intérieur de la chambre - malgré sa décoration étonnante - était figé, gelé. Il n'y avait ni mouvement, ni brise, ni changement de couleur. Cependant, il y avait quelques traces et indications de la vie extérieure. Il y avait les fleurs fraîches et la lumière du soleil tamisée venant de l'extérieur à travers le treillis sculpté des galeries latérales. J'avais l'impression que la chambre, joliment décorée mais en quelque sorte inanimée, était comme le corps humain. Je me sentais comme une âme emprisonnée dans un corps mortel. Tout comme cette petite lampe. Cette petite flamme semblait si insignifiante et pouvait être éteinte si facilement, pourtant c'était cette lumière qui appartenait à l'entité éternelle qui résidait à l'extérieur et dont elle faisait aussi partie. Cette lumière était ce « point » brillant caché dans l'être intérieur de l'homme, c'était le vrai « trésor du palais ».

À ce moment, l'un des guides du Taj Mahal leva la tête et cria à haute voix : « Allah ! ».

L'effet du cri du guide était exactement tel que décrit par Peter Ouspensky, qui visita le Taj Mahal en 1914. Ouspensky décrivit ses expériences dans *A New Model of the Universe* :

> Sa voix remplit l'ensemble de l'énorme espace du dôme au-dessus de nos têtes et alors qu'elle commençait lentement, lentement à s'éteindre, soudain, un écho clair et puissant résonna simultanément dans les coupoles latérales des quatre côtés :
> « Allah ! »
> Les arches des galeries réagirent immédiatement, mais pas toutes ensembles, l'une après l'autre, des voix s'élevaient de tous les côtés comme si elles s'appelaient.
> « Allah ! Allah ! »
> Et puis, comme un chœur de mille voix ou comme un orgue, le grand dôme lui-même retentit, noyant tout dans ses basses profondes et solennelles :
> « Allah ! »
> Et de nouveau, mais plus doucement, les galeries latérales et les coupoles répondirent, puis le grand dôme, moins fort, retentit une fois de plus, et les tonalités faibles presque chuchotantes des arches intérieures répercutèrent de nouveau sa voix.
> L'écho tomba dans le silence. Mais même dans le silence, il semblait qu'une note lointaine, très lointaine, retentissait.[52]

La chambre semblait s'être réveillée ! Le guide sut donner vie à cet endroit. En invoquant le nom de Dieu, il relia cette coquille de marbre à l'entité vivante. Au sein de ce corps endormi, il activa le lien avec le jardin, illustration symbolique de l'effondrement de différents modes de conscience.
Cette chambre terrestre était reliée à l'entité vivante via le magnifique treillis sculpté des galeries latérales, via les fleurs rouges apportées du jardin, via les canaux acoustiques qui fournissaient des échos répondant au cri du guide.

---

[52] *A New Model of the Universe*, P.D. Ouspensky (Vintage Books, New York, 1971, p. 334).

Je pensai à ce moment-là à l'histoire d'un enfant avec une bougie attribuée à Hasan de Bassora :

> J'ai demandé à un enfant qui marchait avec une bougie,
> « D'où vient cette lumière ? »
> Immédiatement, il l'éteint. « Dis-moi où elle est
> partie – je te dirai alors d'où elle vient. »[53]

Je sus d'où venait la lumière et où elle allait. Je sus que la source de la lumière était à l'extérieur dans le jardin, avec ces avenues, cyprès, fontaines. Le poème d'Hakim Sanai me fournit un indice supplémentaire :

> Quand la vie finalement part par la porte,
> votre âme en lambeaux est immédiatement renouvelée,
> votre forme est libérée des liens de la nature,
> et votre âme rend à l'esprit son prêt[54].

Lentement, je commençai à comprendre le message des architectes du Taj Mahal. C'est comme s'ils avaient inscrit un guide dans ce lieu. Il s'agit d'un guide décrivant le voyage de l'âme humaine à travers les différentes strates du Macrocosme. Visiter le Taj Mahal, c'est comme suivre le passage de l'âme humaine. Entrer par le portail voûté - c'est « l'aube naissante », c'est faire l'expérience de la création de l'âme - « Sois, et cela est ». Le passage à travers le jardin - c'est la descente de l'âme vers le domaine terrestre. Sur son chemin vers le domaine terrestre, elle traverse les différents niveaux des mondes invisibles. En passant près du plan d'eau, l'âme acquiert le « point » divin. Entrer par la porte du mausolée - c'est l'âme qui entre dans une forme humaine. Être à l'intérieur de la chambre - c'est notre vie terrestre. Une vie si attrayante et si joliment décorée, mais ces décorations sont là pour couvrir la coquille

---

[53] *The Sufis*, Idries Shah, p. 235 (voir Note #16).
[54] *The Walled Garden of Truth*, Hakim Sanai, p. 49 (voir Note #10).

de marbre inanimée et pour nous rappeler sa vraie nature. Le Taj Mahal nous dit que l'âme est toujours liée à son origine divine, même si cette vie risque de l'endommager. À un moment donné, l'âme est libérée des liens de la nature et, en retournant à son origine, elle « rend à l'esprit son prêt ».

Nous quittâmes la chambre et marchâmes à nouveau dans le jardin. Nous pouvions voir les groupes de visiteurs, comme un flux d'âmes qui se déplaçaient lentement le long des avenues de cyprès vers leurs destinations terrestres. C'était un flux continu d'âmes dans des turbans colorés et des robes de différentes couleurs, jaune, rouge, blanc, noir et vert. Ce flux de visiteurs faisait également partie du dessein des constructeurs du Taj Mahal, une partie de leur enseignement mystique sur le lien entre l'humanité et l'éternité.

Nous sortîmes du complexe. Nous étions de retour dans le monde que nous avions quitté quelques heures auparavant, retour à la réalité bruyante et chaotique. Il me semblait cependant que maintenant ce monde était quelque peu différent. À travers l'expérience du Taj Mahal, nous avions été en quelque sorte enrichis. Nous emportions tous avec nous un fil invisible nous reliant à ce magnifique et majestueux jardin. Nous emportions avec nous ce fil, sous quelque forme que ce soit, dans les rues d'Agra, dans nos maisons, nos familles et chez nos amis.

J'ai su alors que le Taj Mahal était un endroit à découvrir, ressentir et étudier.

C'est à travers des instruments et des dispositifs comme le Taj Mahal que l'homme est exposé à des impacts qui peuvent lui faire prendre conscience de son potentiel évolutionnaire. Si l'homme parvient à reconnaître son potentiel, il pourra augmenter son existence à l'infini. S'il ne le fait pas, il pourrait diminuer jusqu'à disparaître.

Destinée

> Vous devez vous préparer à la transition au cours de laquelle il n'y aura aucune des choses auxquelles vous vous êtes habitué.
> *(Al-Ghazali)*

Le modèle scientifique actuel offre deux scénarios pour décrire le sort de l'Univers. Soit son expansion continuera, soit son expansion s'inversera conduisant à son effondrement.

Selon ce modèle, c'est la densité de la matière qui détermine le sort de l'Univers. Cette propriété physique de l'Univers détermine son avenir car elle affecte l'intensité de la force gravitationnelle. La première option suppose que la densité de l'Univers est inférieure à une certaine valeur définie comme densité critique. Dans ce cas, l'attraction gravitationnelle ne sera pas suffisante pour arrêter l'expansion de l'Univers. En conséquence, l'Univers se dilatera si rapidement que la force gravitationnelle ne pourra jamais l'arrêter.

D'après la seconde option, l'Univers se dilate suffisamment lentement pour que la force gravitationnelle entre les galaxies puisse ralentir son expansion. Cela entraînera à terme l'arrêt de l'expansion et inversera le processus. Dans ce processus inverse, l'Univers commencera à se contracter. Toute la matière commencera à voyager vers l'intérieur, s'accélérant avec le temps et, à la fin, s'effondrant dans des trous noirs, qui, se fondant ensemble, produiront le Big Crunch. Cette option nécessite un espace et un temps spatialement finis. Des preuves expérimentales récentes suggèrent cependant que l'expansion de l'Univers ne ralentit pas, elle est plutôt en accélération.

Cependant, l'estimation de la densité de l'Univers pose une difficulté majeure. Si l'on additionne les masses de toutes les étoiles de toutes les galaxies, la valeur totale est inférieure à celle nécessaire pour expliquer la dynamique de l'Univers actuellement observée. Les calculs indiquent que de nombreuses galaxies devraient s'éloigner les unes des autres au lieu de rester en groupes, ou ne devraient pas se déplacer comme elles le font, ou ne devraient pas s'être formées du tout. Il a donc été conclu qu'il existe une certaine forme de *substance* inconnue qui contribue au comportement global de l'Univers. En plus de cette substance, un type d'*énergie* inconnue est également nécessaire pour expliquer le taux d'expansion de l'Univers.

Les physiciens théoriciens ont temporairement résolu ce problème en attribuant la substance inconnue à l'existence de « matière noire » et l'énergie inconnue à l'existence d'« énergie noire ». On suppose que la matière noire et l'énergie noire sont abondantes dans l'Univers et ont eu une forte influence sur sa structure et son évolution.

La matière noire est appelée « noire » ou « sombre » car elle ne semble pas interagir avec le rayonnement électromagnétique observable, comme la lumière, et est donc invisible à l'ensemble du spectre électromagnétique. Cela rend sa détection impossible par les équipements astronomiques existants.

On pense que la matière noire est composée de particules subatomiques encore inconnues. Cela signifie que, tant que la nature et la structure de la matière noire resteront inconnues, il sera impossible à la science de prédire l'avenir de l'Univers.

***

Le modèle de l'oscillateur cosmique décrit dans ce livre fournit une image beaucoup plus claire de la structure de l'Univers. Selon ce modèle, la conscience est une forme d'énergie. L'Univers entier est rempli du champ de conscience universelle qui consiste en une multiplicité d'ondes stationnaires. Elles pénètrent chaque point de l'Univers dans son entier. Les nœuds des ondes stationnaires se manifestent sous différentes formes de matière, les antinœuds restent sous leur forme d'ondes.

Selon l'équation d'Einstein, il existe une relation entre énergie et matière. Par conséquent, le modèle de l'oscillateur cosmique implique qu'il existe une relation entre la conscience (C) et la matière (M). Cette relation peut être exprimée sous la forme d'un nombre complexe comme la somme de deux composantes[55] :

$$C = \alpha M + i \beta M$$

La première composante (α M) désigne la partie de la conscience Universelle qui se manifeste sous forme de matière physique (α est un coefficient de normalisation). La seconde composante (i β M) représente la partie du champ de conscience dans l'Univers qui reste sous forme ondulatoire. On peut dire que cette seconde composante représente de la « matière virtuelle » (où 'i' est l'unité imaginaire, et β est un coefficient de normalisation). La matière virtuelle est un phénomène de champ. C'est la présence de cette matière virtuelle qui

---

[55] Les nombres complexes sont utilisés en physique comme outil de calcul. Un nombre complexe se compose de deux parties, une partie « réelle » et une partie « imaginaire ». La partie imaginaire est indiquée par l'unité imaginaire 'i'. En mécanique quantique, les nombres complexes servent à décrire les phénomènes ondulatoires de particules telles que les électrons et les neutrons.

a été identifiée par les physiciens comme « matière noire » et « énergie noire »[56].

Selon les estimations des physiciens, à l'heure actuelle, environ 68% de l'Univers est constitué d'énergie noire et la matière noire représente environ 27%. Cela signifie que la matière ordinaire ne représente que 5% de l'Univers entier[57]. Estimer le rapport de la matière ordinaire et de la matière virtuelle à plusieurs étapes de la formation de l'Univers permettrait de déterminer les valeurs des coefficients de normalisation α et β.

La relation ci-dessus entre conscience et matière indique l'existence de particules élémentaires virtuelles. Tout comme les *relatons*, ces particules virtuelles agiraient comme des intermédiaires entre la matière et le champ de conscience universelle[58]. Ces particules, à découvrir, seront qualitativement beaucoup plus sophistiquées que celles découvertes jusqu'à présent.

Il y a un autre aspect de la matière virtuelle qui pourrait intéresser les cosmologistes car il pourrait permettre de résoudre un autre grand mystère de l'Univers. À savoir, la transformation de la conscience en matière ne s'est pas arrêtée avec le Big Bang. Il s'agit d'un processus continu, bien qu'il se poursuive à un rythme beaucoup plus lent. Cela signifie que la matière virtuelle est lentement mais continuellement convertie en matière ordinaire. Cet effet a été observé par les cosmologistes comme un flux de particules appelé « rayons cosmiques ». Les rayons cosmiques transportent tellement d'énergie que les cosmologistes sont perplexes et se demandent quel objet

---

[56] Le lien entre le champ de conscience et la matière noire a été suggéré par Joe Griffin et Ivan Tyrrell. Ils ont introduit le terme « matière subjective » pour décrire la matière noire. (*Godhead: The Brain's Big Bang*, Joe Griffin and Ivan Tyrrell, p. 143 – voir Note #44).

[57] "Dark Energy, Dark Matter," posté sur le site WEB de la NASA : https://science.nasa.gov/astrophysics/focus-areas/what-is-dark-energy (November 6, 2019).

[58] Le concept de *relatons* est décrit par Joe Griffin et Ivan Tyrrell dans *Godhead: The Brain's Big Bang*, p. 140 (voir Note #44).

dans l'Univers aurait pu les créer. Ils nommèrent donc la particule de plus haute énergie des rayons cosmiques « particule Oh-My-God ».

***

Selon les mystiques, l'Univers ne suivra aucune des options proposées jusqu'ici par les physiciens. Rappelons que, selon les mystiques, l'Univers a été créé pour fournir un environnement adéquat à l'apparition de l'homme, l'observateur. C'est pourquoi la corporalité lui a été imposée. La corporalité fut réalisée en plaçant l'homme dans le monde matériel. La matière impose deux limitations, l'espace et le temps. Il fallait l'espace pour déterminer une enceinte spatiale à l'intérieur de laquelle il serait possible de créer les conditions nécessaires à l'apparition de la vie. Il fallait le temps pour déterminer la période pendant laquelle la tâche de l'homme devait être accomplie. Cela signifie que l'Univers doit être fini, à la fois spatialement et temporairement. La finitude temporelle de l'Univers implique une « fin des temps » cosmique.

La durée de vie de l'Univers est déterminée avec une certaine marge pour tenir compte des erreurs de l'homme. En d'autres termes, il doit y avoir une sorte de mécanisme de synchronisation capable de contrôler la durée de vie de l'Univers. Cela semble peut-être relever davantage d'un fantasme que d'une possibilité même faiblement viable. Pourtant, l'existence d'un tel dispositif de synchronisation est plausible selon le modèle de l'oscillateur cosmique présenté dans ce livre. À savoir, c'est le champ de conscience qui agit comme dispositif contrôlant la durée de vie de l'Univers. À un moment donné, le processus de création s'inversera : la « fin des temps » sera initiée par l'arrêt progressif des oscillations du champ de conscience.

Dans un premier temps, les oscillations associées à la forme de conscience la plus élevée de l'Univers s'arrêteront : le « point » sera retiré de l'esprit humain. Cela marquera la fin de la race humaine. Ensuite, il n'y aura plus d'humains, la race humaine dans sa forme terrestre actuelle cessera d'exister. À ce moment-là, la race humaine aura été transférée dans la zone intermédiaire, c'est-à-dire la zone qui sépare le Macrocosme du monde physique. En d'autres termes, l'humanité sera transformée, ou « ressuscitée », dans une nouvelle forme au sein de la zone intermédiaire. Dans les textes religieux, cet événement est appelé le « jugement dernier ».

Par la suite, les oscillations associées à la formation d'autres systèmes organiques seront progressivement désactivées. C'est de cette manière que le processus de création de l'Univers sera inversé. À un moment donné, l'Univers disparaitra dans un « néant » physique. Shakespeare fait allusion à cet évènement dans *La Tempête*, quand Prospero fait disparaître une vision qu'il avait créée comme divertissement pour sa fille et son amoureux. Il compare cette vision à l'Univers. Voici la description de la « fin des temps » par Prospero :

> Nos divertissements sont maintenant terminés : nos acteurs,
> (Comme je vous l'avais annoncé) étaient tous des esprits et
> Se sont fondus dans l'air, dans l'air léger,
> Et comme le tissu sans fondement de cette vision
> Les tours couvertes de nuages, les magnifiques palais,
> Les temples solennels, le grand globe lui-même,
> Oui, tout ce dont il hérite, se dissoudront,
> Et, comme ce spectacle insignifiant estompé
> Ne laisseront pas une trace derrière. Nous sommes de la même substance
> Sur laquelle sont fait les rêves; et notre petite vie
> Est entourée par le sommeil.
> *(La Tempête, IV.1)*

Cette situation de fin des temps est décrite de manière allégorique dans une histoire intitulée « Quand les eaux ont été changées ». La conscience est parfois comparée à l'air que nous respirons ou à l'eau que nous buvons. Dans cette histoire, le changement des « eaux » correspond à la désactivation de l'accès aux modes supérieurs de conscience :

> Un jour, Khidr, le maître de Moïse, avertit l'humanité. À une certaine date, dit-il, toute l'eau du monde qui n'aura pas été spécialement collectée disparaîtra. Elle sera ensuite renouvelée, avec une eau différente qui rendra les hommes fous.
> Un seul homme fit attention au sens de ce conseil. Il recueillit de l'eau, se rendit dans un endroit sûr où il l'entreposa, et il attendit que l'eau change de nature.
> À la date fixée, les cours d'eau cessèrent de couler, les puits s'asséchèrent et l'homme qui avait écouté, voyant cela se produire, alla dans sa retraite et but son eau préservée.
> Quand il vit, de son refuge, les chutes d'eau recommencer à couler, cet homme descendit parmi les autres fils des hommes. Il constata qu'ils pensaient et parlaient d'une manière entièrement différente d'avant, mais n'avaient aucun souvenir de ce qui s'était passé, ni même d'avoir été prévenus. Quand il essaya de leur parler, il se rendit compte qu'ils le croyaient fou, et qu'ils faisaient preuve d'hostilité ou de compassion, mais ne le comprenaient pas.
> Au début, il ne but pas la nouvelle eau, mais retourna tous les jours à sa cachette, pour puiser dans ses provisions. Finalement, cependant, il prit la décision de boire la nouvelle eau parce qu'il ne pouvait plus supporter la solitude de vivre, de se comporter et de penser différemment des autres. Il but la nouvelle eau et devint comme eux. Puis il oublia tout de sa

propre réserve d'eau spéciale, et ses camarades le prirent pour un fou qui avait miraculeusement retrouvé la raison.[59]

Ibn Al-Arabi fait allusion à cette phase spécifique du processus. Il mentionna qu'il y aura une époque où le dernier homme parfait apparaîtra. Pendant son mandat, les hommes et les femmes deviendront stériles, il n'y aura plus d'enfants. Par la suite, les hommes deviendront des bêtes, dépourvues de sentiments et de lois. Puis la race humaine disparaîtra progressivement.[60] Symboliquement, Ibn Al-Arabi décrit la « stérilité » évolutionnaire de l'homme qui se produira lorsque l'humanité deviendra impuissante sur le plan du développement. Il indique ainsi que le lien le plus bas de la synthèse divine, dont nous faisons tous partie, prendra fin et sera désactivé.

***

Voyons comment la science perçoit l'avenir de l'humanité et quelles sont les options offertes par les physiciens modernes.

Selon la science, le Soleil va grossir et engloutir la Terre dans une dizaine de milliards d'années. C'est le laps de temps qu'une forme de vie intelligente aurait pour maîtriser les voyages dans l'espace et échapper ainsi à l'apparente ruine.

L'idée dominante récemment défendue par les physiciens est de trouver une autre planète habitable (exoplanète) sur laquelle la race

---

[59] *Tales of the Dervishes*, Idries Shah, p. 21 (voir Note #30).
[60] *The Bezels of Wisdom*, Ibn Al 'Arabi; traduit par R.W.J. Austin (Paulist Press, Inc., Mahwah, NJ, 1980, p. 70).

humaine pourrait continuer d'exister. L'idée d'un voyage « cosmique » comme moyen de préserver la race humaine est entrée dans l'esprit humain à travers la science-fiction. Par la suite, cette idée est devenue le moteur des entreprises scientifiques les plus récentes. Par exemple, dans son discours au Festival Starmus 2017 à Trondheim (Norvège), le professeur Stephen Hawking, un physicien théoricien éminent de notre époque, a expliqué cette approche de la manière suivante :

> Nous allons manquer d'espace et les seuls endroits où aller sont les autres mondes. Il est temps d'explorer d'autres systèmes solaires. La dissémination est peut-être la seule chose qui nous sauvera de nous-mêmes. Je suis convaincu que les humains doivent quitter la Terre.[61]

Les scientifiques ont réalisé que l'ADN humain n'a pas changé de manière significative depuis une dizaine de milliers d'années. En d'autres termes, nous ne pouvons pas attendre une sorte d'évolution darwinienne qui nous permettrait de relever les défis à venir. Selon le professeur Hawking, les humains devraient entamer une nouvelle phase de ce que l'on pourrait appeler « évolution auto-conçue ». En utilisant le génie génétique, une nouvelle génération d'ADN permettrait de prolonger la vie à un point tel qu'il serait possible de survivre à de longs voyages interstellaires. C'est ce genre d'« évolution artificielle » qui permettrait à la race humaine de survivre à l'effondrement inévitable de notre système solaire.

Par conséquent, il est envisageable qu'une nouvelle race d'automates auto-conçus apparaisse. Ces automates pourraient se transformer de

---

[61] "Hawking urges Moon landing to 'elevate humanity'," Pallab Ghosh, *BBC News* (June 20th, 2017).

manière à relever les défis futurs, qu'ils seraient en mesure de prédire. Ces êtres, comme illustré dans de nombreux récits de science-fiction, coloniseraient certaines parties de l'Univers. À terme, ils gouverneraient l'Univers entier.

D'une certaine manière, le concept d'« automates auto-conçus » ressemble à celui des hommes stériles sur le plan du développement d'Ibn Al-Arabi.

***

Certaines des hypothèses de la proposition scientifique pour une subsistance prolongée de l'humanité citée ci-dessus sont contestables.

Premièrement, il est supposé que la fenêtre temporelle de l'existence de la race humaine est définie par la durée de vie de notre système solaire (de l'ordre de quelques milliards d'années). Selon le modèle de l'oscillateur cosmique, la durée de vie de l'humanité sera déterminée par la désactivation progressive des oscillations du champ de conscience. Tout d'abord, la zone de conscience la plus élevée du monde physique sera désactivée, puis les zones inférieures seront progressivement supprimées. Par conséquent, la disparition de la race humaine déclenchera l'annihilation du système solaire, et non l'inverse. Omar Khayyâm, poète persan du 11ème siècle, fait allusion à une telle relation hiérarchique entre humains et planètes dans *le Rubaiyyat* :

> Vivez sans crainte des planètes. Les planètes sont
> Mille fois plus impuissantes que nous.[62]

Comme mentionné dans le prochain chapitre, la race humaine commencera à disparaître dans une dizaine de milliers d'années (en supposant que l'humanité ne s'éliminera pas avant cette époque en détruisant la zone nodale naturelle du champ de conscience de la planète).

Deuxièmement, les scientifiques supposent qu'il serait possible de déplacer la race humaine vers un autre système stellaire. Cette approche ignore le fait que la race humaine est spécifique à la zone nodale de la Terre. C'est cette zone naturelle de conscience qui fournit « l'environnement » nécessaire à la survie de l'humanité. Bien que cette zone s'étende probablement légèrement à l'extérieur de la planète, elle ne couvre pas les autres planètes du système solaire. En d'autres termes, les humains n'ont pas été faits pour exister en dehors de notre planète. Cela signifie que le fait d'être loin de la Terre interférerait avec le niveau de conscience naturel. Cette interférence n'est pas tant liée à l'adaptation aux différentes conditions physiques telles que l'atmosphère, la gravité ou les rayons cosmiques. Il s'agit plutôt d'un effet secondaire lié au fait d'être en dehors de la zone naturelle de conscience de la planète. Une absence prolongée de cette zone aurait un effet négatif sur l'esprit humain et serait nuisible. Cela équivaudrait à inverser le processus de création et réduirait progressivement l'homme en une créature inférieure. Une présence prolongée dans l'espace rendrait les hommes moins humains, c'est-à-dire qu'elle les couperait considérablement ou complètement de la capacité de jouer leur rôle de participation active au processus

---

[62] *The Authentic Rubaiyyat of Omar Khayaam* (*Quatrain #76*), traduit par Omar Ali-Shah, p. 63 - voir Note #48 (La traduction de Omar Ali-Shah est aussi disponible dans *A Journey with Omar Khayaam*, W. Jamroz, Troubadour Publications, Montreal, 2018).

évolutionnaire. En d'autres termes, la *raison d'être* de l'homme serait supprimée.

Al-Ghazali, un philosophe persan du 11ème siècle, compare l'impact d'une déconnexion de la zone naturelle de conscience de l'homme à une privation de nourriture ou de certains médicaments. Le savoir-faire nécessaire à la préservation de cette zone vitale est appelé « connaissance spéciale » :

> La « connaissance spéciale » est ce qui maintient la vie à un tel point que si sa transmission devait être interrompue pendant trois jours, le noyau de l'individu mourrait, tout comme quelqu'un mourrait s'il était privé de nourriture, ou un patient mourrait s'il était privé de certains médicaments[63].

Bien que cela puisse sembler étrange et improbable dans le contexte des diverses représentations offertes par la science-fiction, de tels effets négatifs ont été détectés sur les astronautes. Selon une étude de la NASA, après avoir passé 340 jours à bord de la station spatiale internationale, l'ADN de certaines cellules d'un astronaute avait muté[64]. Ces mutations génétiques affectèrent ses capacités mentales. L'effet fut mesuré par une baisse de ses résultats à des tests cognitifs. Jusqu'à présent, l'impact lié au fait d'être en dehors de la zone naturelle de conscience de la planète n'est pas encore pris en compte.

---

[63] *Thinkers of the East*, Idries Shah (The Octagon Press, London, 1971, p. 177).
[64] "Scott Kelly Spent a Year in Orbit. His Body Is Not Quite the Same," Carl Zimmer (*The New York Times*, April 11th, 2019).

Mort et renaissance

Si l'humanité avait été libérée de la naissance et de la tombe,
Quand serait venu ton tour de vivre et d'aimer ?
(Omar Khayyâm)

La science suppose que la structure actuelle de l'homme, tant mentale que physiologique, est le dernier stade de l'évolution biologique. De plus, la science ne considère la mort que comme un événement biologique. Ces hypothèses n'ont aucune signification constructive. Ces croyances sont en net contraste avec les expériences des mystiques.

Selon ces dernières, l'évolution de l'esprit humain n'est pas scellée au moment de la mort physique d'une personne. Bien au contraire, après la mort, le voyage de l'homme continue. Il a des perspectives beaucoup plus larges du Cosmos à explorer. Ce voyage, cependant, ne mène pas à une autre planète, étoile ou galaxie. Il s'agit plutôt d'un voyage à travers les différentes strates de la conscience cosmique. Le voyage commence à partir du niveau de conscience auquel la personne est arrivée au moment de sa mort physique.

La mort physique est déterminée par la désactivation de la zone du champ de conscience qui fournit un compartiment pour le corps physique d'une personne. La désactivation de cette zone entraîne la désintégration du corps. À ce stade, *l'esprit rationnel* est séparé de son hôte terrestre. L'esprit rationnel commence à s'éloigner vers la zone intermédiaire qui sépare le monde physique des mondes invisibles. La durée du voyage vers la zone intermédiaire dépend de la force intérieure de l'esprit. Les esprits faibles ne pourront pas l'atteindre. Ces esprits, trop faibles pour maintenir leur lien avec le « point », se dissoudront progressivement dans le néant.

Les esprits rationnels, partiellement ou totalement épurés, voyagent jusqu'à ce qu'ils atteignent éventuellement la zone intermédiaire. La zone intermédiaire est un état dans lequel un esprit individuel est « ressuscité ». C'est l'état de destination prévu pour la plupart des gens. La science, dans sa pensée rationnelle et linéaire, a remplacé la zone intermédiaire par une « planète » habitable située quelque part aux confins de l'Univers.

Au moment de la mort physique, l'esprit d'un individu vit une transition délicate. Le moi-ego est exposé à un environnement dépourvu d'espace et de temps. Si l'esprit était préparé à un tel changement, alors la dissolution de la structure physique serait parfaitement naturelle. Une telle transition serait en fait une libération. De telles expériences ne nous sont pas inconnues. L'importante concentration d'impressions qui se produit dans nos rêves, ou l'exaltation de la mémoire associée à une expérience de mort imminente, révèle la capacité de l'esprit à faire face à ce type de transition. Cet état ne semble pas être simplement un état d'attente passive. Il s'agit plutôt d'un état dans lequel l'esprit entrevoit de nouveaux aspects de la réalité et se prépare à s'adapter à cette nouvelle réalité. Cependant, cela provoque surement un état de grande déstabilisation psychique pour un esprit rationnel dont le moi-ego est fortement attaché à la dimension spatio-temporelle. Dans un tel cas, cette transition est une prise de conscience plutôt stressante des opportunités manquées. Cette expérience stressante est une sorte de remède correctif nécessaire pour qu'un moi-ego endurci puisse devenir plus sensible à la réalité. L'esprit devra lutter contre ses propres faiblesses, c'est-à-dire faire l'effort qu'il n'a pas fait pendant sa vie terrestre. Lorsque l'effet de ses faiblesses aura été annulé, il sera prêt à poursuivre son voyage. C'est la raison pour laquelle cette douloureuse compréhension de ses échecs n'est pas éternelle. Ce type d'expérience est destiné à nettoyer l'esprit de l'homme des impuretés qui sont un obstacle à son progrès évolutionnaire. Une fois cet objectif atteint, le besoin de correction disparaît.[65]

Ce sont ces expériences transitoires de libération ou de déstabilisation de l'esprit rationnel dans la zone intermédiaire qui sont appelées « paradis » et « enfer » dans les Écritures et la littérature religieuse. Ces expériences de « paradis » ou « d'enfer » s'appliquent à l'état qui précède l'entrée dans les zones les plus basses du Macrocosme, c'est-à-dire avant le « premier ciel ». Par conséquent, le « paradis » n'est pas un état où l'on profite de récompenses pour ses bonnes actions antérieures. C'est plutôt le point de départ de la suite du voyage. Ceux qui se trouvent dans la zone intermédiaire ne sont pas inactifs, mais s'efforcent continuellement d'atteindre des états supérieurs. L'important, pendant ce voyage cosmique, c'est que l'esprit d'une personne ne perd pas son individualité. L'individualité de chaque esprit survivant est préservée. C'est l'individualité de l'esprit qui peut contribuer à l'enrichissement du Macrocosme.

Les termes « paradis » et « enfer » sont les deux extrêmes du spectre d'expériences auxquelles l'esprit humain est exposé après la mort physique. Il est important de souligner qu'il s'agit d'états d'esprit transitoires et que ce ne sont pas des localités. Dans ce contexte, la vie humaine est constituée d'actions qui renforcent la prééminence du moi-ego ou qui contribuent à son domptage. Nos actions préparent notre esprit à une « carrière » future qui peut conduire à l'immortalité. L'immortalité personnelle, cependant, n'est pas un droit acquis. Elle doit être atteinte par un effort personnel. L'homme, dans son état naturel, n'en est qu'un candidat.

***

---

[65] *Islamic Sufism*, The Sirdar Ikbal Ali Shah (Tractus Books, Reno, NV, 2000, p. 198).

La mort physique n'est que l'une des séries de morts que vit l'esprit humain. Rappelons qu'il existe plusieurs états de conscience supérieure. Chacun de ces états correspond à une strate spécifique de l'esprit. Ces états forment une échelle menant à la destination finale. Le passage d'un barreau de l'échelle à l'autre est appelé « mort ». Cela signifie que l'homme doit subir plusieurs « morts » au cours de son voyage. Ces « morts » peuvent être vécues dans ce monde, avant la mort physique. C'est le sens de l'affirmation selon laquelle l'homme doit « mourir avant de mourir ». Sinon, elles doivent être vécues par la suite.

Chaque « mort » est associée à la libération d'un ensemble d'attachements mentaux ou émotionnels. Après être « mort » à un état particulier, le voyageur qui réussit est « ressuscité » et peut alors tenter d'approcher l'état suivant. De nouveau, il devra mourir pour ressusciter dans l'état supérieur suivant. Chaque mort est suivie d'une « renaissance » ou de la transformation qui en résulte. C'est comme de voyager à travers une succession d'îles. Chaque île représente un certain état. Cette situation est illustrée par Idries Shah dans la fable suivante :

> Il était une fois une communauté idéale dans un pays loin d'ici. Ses membres n'avaient aucune des peurs que nous connaissons maintenant. … Bien des stress et tensions que l'humanité considère aujourd'hui essentiels à son progrès n'existaient pas. Leurs vies étaient plus riches, car d'autres éléments meilleurs remplaçaient ces choses. Ils avaient donc un mode d'existence légèrement différent. On pourrait presque dire que nos perceptions actuelles sont une version grossière et improvisée des vraies perceptions que cette communauté possédait.
>
> Ils avaient de vraies vies, pas des demi-vies. …
>
> Ils avaient un leader qui découvrit que leur pays allait devenir

inhabitable pendant une période, disons, de vingt mille ans. Il planifia leur évasion, se rendant compte que leurs descendants ne pourraient revenir avec succès qu'après de nombreuses épreuves.

Il leur trouva un lieu de refuge, une île dont les caractéristiques étaient seulement grossièrement similaires à celles de leur pays d'origine. En raison des différences de climat et de situation, les immigrés durent subir une transformation. Cela les rendit mieux adaptés physiquement et mentalement à leurs nouvelles conditions de vie. Des perceptions grossières, par exemple, remplacèrent des perceptions plus fines, comme lorsque la main du travailleur manuel se durcit à cause des exigences de sa profession. ...

Le système était très compliqué, mais bien agencé. Les organes au moyen desquels la communauté survécut sur l'île furent également transformés en organes de jouissance, physiques et mentaux. Les organes qui étaient utiles dans la vieille patrie furent mis en veille, et liés à un souvenir vague, en vue de leur activation éventuelle.

Lentement et péniblement, les immigrants s'installèrent, s'adaptant aux conditions locales. Les ressources de l'île étaient telles que, combinées à l'effort et à une certaine forme d'instruction, les gens pourraient s'échapper vers une autre île, sur le chemin du retour à leur pays d'origine. C'était la première d'une succession d'îles sur lesquelles ils pouvaient s'acclimater graduellement.

La responsabilité de cette « évolution » fut conférée aux individus qui pouvaient la supporter. Ce n'était forcément que quelques personnes, car pour la plupart des gens, l'effort nécessaire pour être conscient des deux ensembles de connaissances était pratiquement impossible. L'un de ces ensembles semblait en conflit avec l'autre. Certains spécialistes gardèrent donc la « science spéciale ».

Ce « secret », la méthode pour effectuer la transition, n'était ni plus ni moins que la connaissance de compétences maritimes et de leurs applications. L'évasion avait besoin d'un instructeur, de matières premières, de personnes, d'efforts et de compréhension. Si ces éléments étaient réunis, les gens pouvaient apprendre à nager et aussi à construire des navires.

Les personnes qui étaient initialement responsables de l'évasion firent comprendre à tout le monde qu'une certaine préparation était nécessaire avant que quiconque puisse apprendre à nager ou même participer à la construction d'un navire. …

… L'apprentissage et la mise en pratique de ce savoir-faire dépendent d'une technique spéciale. Ces éléments constituent ensemble une activité globale qui ne peut être examinée de façon fragmentaire, … Cette activité comporte un élément impalpable, appelé *baraka*, dont dérive le mot « barque » - un navire. Ce mot signifie « la subtilité ».[66]

D'après cette fable, la zone intermédiaire peut être considérée comme « une autre île », c'est-à-dire la première île sur le chemin du retour au « pays d'origine ». Idries Shah indique que la fenêtre temporelle prescrite pour le « retour » est de l'ordre de « vingt mille ans ».

***

La vie est une et continue. L'homme avance constamment et reçoit de nouvelles illuminations d'une réalité infinie. Le destinataire d'une illumination divine n'est pas simplement un récipient passif. Chaque action d'un esprit raffiné crée une nouvelle situation et offre ainsi de nouvelles opportunités de développement créatif.

---

[66] *The Sufis*, Idries Shah, p. 1-4 (voir Note #16).

Le Cosmos dynamique

L'Univers germe dans la moelle de vos os depuis longtemps.
(Khaja Hafiz)

L'homme peut remplir sa fonction évolutionnaire s'il gravit les différents niveaux du Macrocosme. De cette façon, il peut reproduire le Macrocosme en lui-même.

Les différentes strates du Macrocosme ne sont pas statiques, elles changent et sont vivantes. Elles changent constamment en fonction du progrès évolutionnaire de l'humanité. Comme mentionné précédemment, il existe une rétroaction continue entre l'état de conscience général de l'humanité et la composition des différents niveaux au sein du Macrocosme. La rétroaction entre le Macrocosme et le monde physique fonctionne selon un mécanisme connu sous le nom d'enchevêtrement. Tel que décrit par les physiciens, il n'y a pas de délai dans cette « action fantôme à distance ». Chaque percée spirituelle majeure au niveau de l'homme ordinaire est immédiatement marquée par un changement dans le monde des symboles et le monde des idées. Cette sorte d'enchevêtrement s'applique à toutes les couches de la conscience cosmique.

En sortant de son état naturel et en cherchant à atteindre ses origines sublimes, l'homme contribue activement à la « splendeur » de la structure cosmologique. Cette situation est illustrée symboliquement dans l'« Hymne de l'âme » des *Actes de Thomas*. Voici une version de cet hymne qui provient du conte intitulé « Le fils du roi ». Le pays de Sharq mentionné dans le conte correspond au Macrocosme. Les attachements intellectuels et émotionnels de l'homme au monde physique (Misr) constituent un monstre redoutable, le moi-ego :

> Jadis, dans un pays où tous les hommes étaient comme des rois, vivait une famille, qui était en tous points comblée, et dont l'environnement était tel que la langue humaine ne peut le décrire en termes de ce que l'homme connaît aujourd'hui. Ce pays de Sharq paraissait satisfaisant au jeune prince Dhat, jusqu'au jour où ses parents lui dirent : « Très cher fils, notre pays a une coutume essentielle qui veut que chaque prince royal, quand il parvient à un certain âge, parte passer une épreuve pour se préparer à la royauté. Par la vigilance et l'effort, il acquiert ainsi, à la fois en termes de réputation et dans les faits, un degré de maturité qu'il pourrait n'atteindre d'aucune autre manière. C'est ce qui a été décrété depuis le début et il en sera ainsi jusqu'à la fin. »
>
> Le prince Dhat se prépara donc pour son voyage, et les membres de sa famille lui fournirent la subsistance qu'ils pouvaient : une nourriture spéciale qui était de petit volume quoiqu'en quantité illimitée et dont il s'alimenterait pendant son exil.
>
> Ils lui donnèrent également certaines autres ressources, qu'il n'est pas possible de mentionner. Elles le protégeraient, si elles étaient correctement utilisées.
>
> Il dût se rendre dans un certain pays, appelé Misr, et il dût se déguiser. On lui donna des guides pour le voyage et des vêtements convenant à sa nouvelle condition : des vêtements qui ne ressemblaient guère à ceux d'un membre de la royauté. Sa tâche consistait à ramener de Misr un certain joyau, gardé par un monstre redoutable.
>
> Lorsque ses guides le quittèrent, Dhat se retrouva seul, mais peu de temps après, il rencontra quelqu'un d'autre qui avait une mission similaire, et ensemble ils purent conserver le souvenir

de leurs origines sublimes. Mais, à cause de l'air et de la nourriture de ce pays, une sorte de sommeil s'abattit rapidement sur eux, et Dhat oublia sa mission.

Pendant des années il vécut à Misr, gagnant sa subsistance et poursuivant une humble vocation, apparemment inconscient de ce qu'il avait à faire.

Par des moyens qui leur étaient familiers mais qui étaient inconnus des autres, les habitants de Sharq apprirent la situation grave de Dhat, et ils travaillèrent ensemble, à leur façon, pour l'aider à se libérer et lui permettre de persévérer dans sa mission. Un message fut envoyé au prince par un moyen étrange : « Réveille-toi ! Car tu es le fils d'un roi, envoyé pour accomplir une entreprise spéciale, et tu dois nous revenir. »

Ce message réveilla le prince qui trouva son chemin vers le monstre, et par l'utilisation de sons spéciaux, l'endormit. Il saisit le joyau inestimable qui avait été gardé par le monstre.

Puis Dhat suivit les sons du message qui l'avait réveillé, changea ses habits pour ceux de son propre pays, et revint sur ses pas vers le pays de Sharq, guidé par le *son*.

Après un laps de temps étonnamment court, Dhat contempla à nouveau ses anciennes robes, et le pays de ses ancêtres, et arriva chez lui. Cette fois, cependant, grâce à ses expériences, il put voir que c'était un endroit d'une splendeur encore plus grande qu'auparavant, …[67]

Rappelons que *l'esprit créateur*, *l'esprit sublime* et *l'esprit supracognitif* n'existent pas naturellement. Ils ne sont pas apparus sous ces formes dans l'arc de descente initial. Ces esprits (« âmes raffinées ») sont le résultat de l'entreprise spéciale de l'homme. Dans leurs formes originelles, ces esprits (« âmes ») n'étaient pas dotés d'expériences terrestres. Au lieu de cela, ils étaient classés selon leurs

---

[67] *Tales of the Dervishes*, Idries Shah, p. 217 (Voir Note #30).

prédispositions initiales. Voici une histoire qui explique ces différentes prédispositions :

> Il est consigné dans les traditions des Amoureux de la Vérité, que lorsque les âmes furent créées, avant les corps, on leur demanda ce qu'elles voulaient comme moyen pour voyager dans ce monde.
> Elles se répartirent en quatre groupes. Le premier groupe souhaita voyager à pied, car c'était la méthode la plus sûre. Le second désira des chevaux, car cela signifiait moins de travail. Le troisième souhaita voyager au gré du vent, pour surmonter leurs limitations. Le quatrième choisit la lumière, par laquelle elles pourraient comprendre en plus de se déplacer.
> Ces quatre groupes existent toujours, et tout le monde se conforme encore à l'une ou l'autre de ces caractéristiques. ...[68]

Dans l'histoire ci-dessus, le premier groupe est mené par la faculté du moi, le second groupe est sous l'influence des émotions, le troisième groupe est dirigé principalement par la faculté de l'intellect. Remarquons que les préférences de ces trois groupes sont celles de personnes pour lesquelles la zone intermédiaire est la destination de leurs vies actuelles. Elles ont une prédisposition au réarrangement de leur esprit rationnel. Le quatrième groupe comprend ceux dont les préférences sont axées sur le Macrocosme. Leur potentiel est de faire l'expérience des zones des mondes invisibles au cours de leur vie.

Ces différentes prédispositions ne déterminent pas leur état final. Elles correspondent plutôt à des potentialités attribuées en fonction des besoins cosmiques. Une « âme » individuelle peut, ou non,

---

[68] "The Four Types" inclus dans *Seeker After Truth*, Idries Shah (The Octagon Press, London, 1982, p. 14).

réaliser sa potentialité. Dans certains cas, pendant le voyage, sa potentialité peut être enrichie ou dégradée. Ceci est indiqué par le dicton consigné dans le *Mémorial des saints* d'Attar :

> Les peuples du monde ont un destin fixe. Mais les personnes spirituellement développées reçoivent ce qui n'est pas dans leur destin.[69]

Un certain enrichissement minimum du Macrocosme est nécessaire pour garantir la subsistance du monde physique. Rappelons qu'après la désintégration de ce qui semble être sa personnalité, l'esprit d'une personne préserve son individualité. C'est cette individualité qui contribue à l'augmentation de la richesse du Macrocosme. L'enrichissement minimum correspond à une certaine masse critique d'« âmes » humaines qui atteignent les différentes couches du Macrocosme. Ce flux d'enrichissement est nécessaire pour équilibrer l'impact destructeur de l'humanité sur la zone naturelle de conscience de la planète. C'est de cette manière que le monde physique est maintenu en vie.

Rappelons-nous que lors de sa première ascension, Mahomet traversa le « septième ciel » et arriva à la distance symbolique de « deux arcs » de l'Absolu. À ce niveau, il n'y avait pas d'autres « âmes ». Cela est symboliquement indiqué par le fait que même l'ange Gabriel (l'un des esprits cosmiques originaux les plus élevés) ne pouvait pas atteindre cet état de conscience :

---

[69] Cité par Idries Shah dans *Learning How to Learn* (The Octagon Press, London, 1981, p. 23).

> O Mahomet, si je fais un pas de plus, cela me brûlera.
> Laisse-moi, et dorénavant continue seul : c'est ma limite.
> *(Mathnawi, I, 1066-7)*

Pourtant, la distance de « deux arcs » est encore infiniment grande par rapport à « Nous sommes plus près de lui que sa veine jugulaire ». À cette époque, Mahomet n'était pas encore prêt à être anéanti au sein de l'Absolu, il avait encore « une certaine obscurité[70] » dans sa nature :

> Comme toi, j'avais des ténèbres dans ma nature : la révélation du Soleil m'a donné cette lumière. J'ai une certaine obscurité par rapport aux soleils spirituels, mais j'ai de la lumière pour les ténèbres des âmes humaines. Je suis moins brillant que le Soleil pour que tu puisses supporter mes rayons, car tu n'es pas le genre d'homme qui puisse supporter un soleil trop radieux.
> *(Mathnawi, I, 3660-2)*

Mahomet ne pouvait pas entrer dans le « huitième ciel ». Il lui fallait retourner dans le monde ordinaire pour terminer sa mission. Ce n'est qu'à sa mort qu'il put commencer son ascension finale. Son côté sublime augmenta progressivement jusqu'au point où, à un moment donné de sa dernière ascension, toute trace d'attachement terrestre disparut. Lorsqu'il atteint l'état le plus élevé, le Macrocosme devint « un endroit d'une splendeur encore plus grande qu'auparavant ». Ce

---

[70] Cette « obscurité », ou attachements terrestres, est indiquée symboliquement dans la description du voyage de nuit par des effets physiques (par exemple, « Un pot d'eau renversé par le vol n'était toujours pas vide. » - voir l'histoire « Le sultan qui devint un exilé »).

fut une étape majeure de l'évolution humaine. La première âme terrestre raffinée arriva à sa destination finale.

C'est ce type d'expérience humaine qui change la composition du Macrocosme. Ce changement indique qu'il existe une hystérésis qualitative entre l'arc descendant et l'arc ascendant. La mesure de cette hystérésis spirituelle s'exprime comme la différence symbolique entre les « deux arcs » qui marquent la première ascension de Mahomet et « Nous sommes plus près de lui que sa veine jugulaire » qui décrit l'état de sa seconde ascension. Cela signifie que chaque étape ascendante est de qualité plus élevée que l'étape descendante correspondante, bien que la descente et l'ascension mènent à travers les mêmes strates du Macrocosme. C'est en ce sens que les âmes raffinées (de retour) contribuent à l'enrichissement du Cosmos. Elles forment le second cycle d'âmes, tandis que les âmes cosmiques originales constituent le premier cycle. Bien que les deux types se trouvent dans le voisinage le plus proche de l'Absolu, il y a un vaste fossé entre elles.

Dans le poème d'Attar, le flux critique est symboliquement représenté par « trente oiseaux ». À la fin de leur voyage, les trente oiseaux forment une triplicité ascendante qui correspond à la triplicité initiale. C'est cette forme de triplicité qui doit être accomplie à l'intérieur de chaque couche du Macrocosme afin de préserver non seulement l'Univers mais le Cosmos tout entier. La qualité spirituelle de chaque couche doit être alimentée en la peuplant d'âmes terrestres raffinées.

Le transfert de ce type de masse critique à chacune des couches macrocosmiques fournit une rétroaction continue à l'infrastructure cosmique. C'est également ce flux qui contrôle le mécanisme de synchronisation en déclenchant les étapes majeures du processus de synthèse créative.

Pour que le processus global se poursuive, une masse critique d'« âmes » humaines raffinées doit traverser les différentes strates du

Macrocosme. Ces différentes strates (ou sphères) du Macrocosme peuvent être comparées à l'ensemble des cordes d'un instrument de musique. L'arrivée d'âmes raffinées les fait osciller à des « fréquences » spécifiques à leur emplacement au sein du Macrocosme. Ensemble, ces oscillations génèrent des « sons spéciaux » qui sont souvent appelés « musique des sphères ». On peut dire que les hommes peuvent être ennoblis (gagner l'immortalité) s'ils ajustent leur esprit pour entrer en résonance avec cette musique que « nous ne pouvons entendre ». Lorenzo de Shakespeare parle de ce sujet dans la citation suivante :

> Il n'y a pas jusqu'au plus petit globe que tu vois dont
> Le mouvement ne produise une musique angélique,
> En accord avec les chérubins aux yeux plein de jeunesse ;
> Telle est l'harmonie qui se révèle aux âmes immortelles ;
> Mais tant que ce vêtement de boue en décomposition
> Enveloppe grossièrement notre âme,
> Nous ne pouvons l'entendre. »
> *(Le Marchand de Venise, V.1)*

Chaque génération doit « produire » une contribution de masse critique minimale au Macrocosme. C'est ce flux qui contribue à la dynamique du Cosmos. La présence d'âmes « raffinées » dans le Macrocosme doit continuer à augmenter afin de compenser l'entropie de l'existence humaine sur la planète.

Comme indiqué précédemment, il existe trois principaux niveaux de conscience au sein du Macrocosme : la Source, le monde des idées et le monde des symboles. À chacun de ces niveaux, il est nécessaire d'augmenter progressivement la quantité d'âmes humaines raffinées. À un moment donné, les hommes disparaîtront progressivement et la race humaine s'éteindra, la planète cessera de fournir sa « matière première ». Il faudra alors qu'il y ait suffisamment d'âmes humaines raffinées à tous les niveaux du Macrocosme pour garantir la poursuite de l'évolution cosmique et la formation d'un nouveau Cosmos. Pour que ce nouveau Cosmos apparaisse, tous les niveaux du Macrocosme devront être peuplés d'âmes terrestres raffinées.

***

Il existe un profil de distribution spécifique à chaque niveau du Macrocosme qui doit être complété au cours du cycle évolutionnaire actuel. C'est ce profil de distribution qui dicta les prédispositions initialement attribuées aux âmes cosmiques. Des indices de ce modèle « mystique » ont été donnés dans le passé, certains plus explicites que d'autres. Voici une référence symbolique à une telle distribution (« le premier mystère » fait référence à la structure actuelle du Cosmos) :

> Je vous le dis, on en trouvera un sur mille, deux sur dix mille, pour l'achèvement du mystère du premier mystère.
> *(Évangile selon Thomas, Note 23[71])*

Cette répartition ne cesse de changer en fonction des progrès évolutionnaires de l'humanité. Elle reste inconnue du grand public. Cependant, lorsqu'il y a un ajustement majeur, des indices relatifs au changement sont discrètement divulgués. Le premier aperçu du profil de distribution a été fourni par le récit du voyage de nuit. Par

---

[71] Note du traducteur : référence à la note 23 du livre *The Gospel of Thomas* (Harper One, New York, 1992).

la suite, ce profil a été symboliquement reflété dans la structure organisationnelle terrestre de ceux qui sont activement impliqués dans le processus. Les ajustements apportés à cette structure sont révélateurs des changements au sein du Macrocosme.

Une version moderne de cette structure organisationnelle fut établie au moment où Mahomet conclut son ascension finale. Dans le contexte du monde physique, son ascension finale dura mille ans. (C'est pourquoi il est dit que « Ce n'est qu'une fois tous les mille ans que ce secret est vu par l'homme. Quand il le voit, il est changé. ») Après cette période, son lien avec le monde physique cessa d'exister :

> Un homme totalement sage cesserait d'exister au sens ordinaire du terme[72].

Cette coupure marqua le début du second millénaire spirituel du monde moderne. C'est alors que la structure « mystique » globale fut ajustée en conséquence. Cela eut lieu à la fin du 16ème siècle. À cette époque, une autre personne fut investie de la responsabilité de superviser le processus sur Terre. Cet individu, Ahmad Faruqi de Sirhind, est connu comme le « régénérateur du second millénaire spirituel ». À ce moment-là, la structure avait une forme de pyramide à plusieurs niveaux. Les différents niveaux reflètent les strates du Macrocosme. La population des niveaux diminue au fur et à mesure qu'on passe des niveaux inférieurs aux niveaux supérieurs. Au sommet se trouve l'axe, l'homme parfait. Au second niveau, il y a quatre assistants. Les niveaux suivants sont peuplés d'hommes ennoblis de différents rangs. Il y a respectivement sept, trois et

---

[72] "Meditations of Rumi" dans *Caravan of Dreams*, Idries Shah (The Octagon Press, London, 1968, p. 79).

quarante hommes ennoblis. Voici une représentation symbolique des cinq premiers niveaux de cette structure[73] :

$$
\begin{array}{c}
\Delta \\
\Delta\,\Delta\,\Delta\,\Delta \\
\Delta\,\Delta\,\Delta\,\Delta\,\Delta\,\Delta \\
\Delta\,\Delta\,\Delta \\
\Delta\,\Delta\,\Delta\,\Delta\,\Delta\,\Delta\,\Delta\,\Delta\,\Delta\,\Delta\,\Delta\,\Delta\,\Delta\,\Delta\,\Delta\,\Delta\,\Delta\,\Delta\,\Delta\,\Delta \\
\Delta\,\Delta\,\Delta\,\Delta\,\Delta\,\Delta\,\Delta\,\Delta\,\Delta\,\Delta\,\Delta\,\Delta\,\Delta\,\Delta\,\Delta\,\Delta\,\Delta\,\Delta\,\Delta\,\Delta
\end{array}
$$

Le changement le plus récent fut mis en œuvre à la fin des années 1960. C'est alors qu'un autre ajustement fut fait. Un individu fut chargé de superviser et de diriger le processus évolutionnaire. Cette responsabilité, jusque-là partagée entre les quatre assistants, convergea à nouveau vers un seul homme. La nouvelle structure prit la forme suivante[74] :

$$
\begin{array}{c}
\Delta \\
\Delta\,\Delta\,\Delta\,\Delta \\
\Delta\,\Delta\,\Delta\,\Delta\,\Delta\,\Delta \\
\Delta\,\Delta\,\Delta\,\Delta\,\Delta \\
\Delta\,\Delta\,\Delta\,\Delta\,\Delta\,\Delta\,\Delta\,\Delta\,\Delta\,\Delta\,\Delta\,\Delta\,\Delta\,\Delta\,\Delta\,\Delta\,\Delta\,\Delta \\
\Delta\,\Delta\,\Delta\,\Delta\,\Delta\,\Delta\,\Delta\,\Delta\,\Delta\,\Delta\,\Delta\,\Delta\,\Delta\,\Delta\,\Delta\,\Delta\,\Delta\,\Delta \\
\Delta\,\Delta\,\Delta\,\Delta\,\Delta\,\Delta\,\Delta\,\Delta\,\Delta\,\Delta\,\Delta\,\Delta\,\Delta\,\Delta\,\Delta\,\Delta\,\Delta \\
\Delta\,\Delta\,\Delta\,\Delta\,\Delta\,\Delta\,\Delta\,\Delta\,\Delta
\end{array}
$$

---

[73] *Revealed Grace*, Arthur F. Buehler (Fons Vitae, Louisville, KY, 2011, p. 272).
[74] *Journeys with a Sufi Master*, H.B.M. Dervish (The Octagon Press, London, 1982, p. 153).

Bien que les trois couches supérieures soient restées inchangées, il y eut un changement dans les parties inférieures de la structure. Le nombre d'hommes ennoblis aux quatrième et cinquième niveaux est passé respectivement de trois à cinq et de quarante à soixante-dix. Ce changement dans la structure terrestre indique symboliquement les progrès réalisés au cours des derniers siècles. C'est un reflet de l'enrichissement des couches correspondantes au sein du Macrocosme. Ce changement permet de jauger l'état de l'ensemble du processus par rapport au plan d'origine.

Ce « petit » enrichissement affecte l'ensemble de l'humanité. Il est nécessaire à l'existence du monde physique. C'est une mesure du progrès humain. S'il n'y avait pas de tels progrès, le monde physique s'effondrerait. Rafael Lefort, un écrivain qui a consigné ses voyages en orient dans *Les maîtres de Gurdjieff*, fait référence à cette situation dans son livre :

> Les occupants de ces centres sont préoccupés par le destin du monde. ... Ce ne sont pas des hommes ordinaires, encore moins des moines. Ils ne connaissent ni repos ni même satisfaction, car ils doivent compenser les lacunes de l'humanité. Ce sont eux les personnes réelles qui ont fait l'expérience de l'être et du non-être et sont depuis longtemps entrées dans une phase d'évolution où aucun de ces états ne signifie quoi que ce soit.[75]

---

[75] *The Teachers of Gurdjieff*, Rafael Lefort (Victor Gollancz Ltd., London, 1966, p. 96).

Cet enrichissement contrôle également le « déclencheur » des étapes majeures de l'évolution humaine. C'est cet enrichissement, ou son absence, qui retardera ou accélérera la « fin des temps ».

Les deux diagrammes ci-dessus montrent le haut d'une coupe transversale de la structure à deux moments du processus évolutionnaire. Il y a beaucoup plus de niveaux et de « places » vides qui doivent être remplis. Les différentes positions des places vides correspondent aux divers potentiels de l'esprit des hommes. Dans *Comme il vous plaira*, le jeune protagoniste de Shakespeare, Orlando, fait allusion à ces « places vides » :

> Seulement dans le monde je remplis une place, qui pourrait être mieux pourvue, quand je l'aurai vidée.
> (*Comme il vous plaira*, I.2)

L'évolution de l'homme doit se poursuivre jusqu'à l'achèvement de la structure macrocosmique. À ce moment futur, l'Univers physique cessera d'exister et toute l'humanité sera transmuée en « éléments » du Macrocosme. Une nouvelle « table des éléments » sera formée. Cette future structure formera un Nouveau Cosmos. Le nouveau Cosmos ne sera composé que du Macrocosme enrichi. Ce n'est qu'alors que la fonction de l'humanité sera complètement accomplie.

Nous pouvons maintenant comprendre pleinement ce qu'est le but ultime de l'humanité. Le développement de niveaux de conscience plus élevés permet à l'humanité d'être transmuée en de nouveaux « éléments » nécessaires à la création d'un nouveau Cosmos. C'est à la création d'un futur nouveau Cosmos que la déclaration de Rumi précédemment citée dans le chapitre sur l'esprit humain fait référence :

Il a cent mille autres états encore plus merveilleux devant lui.

La création d'un Nouveau Cosmos est le but ultime de l'existence humaine.

***

La fonction première des hommes parfaits est de garantir la poursuite du progrès. Sans progrès, le mécanisme de synchronisation serait activé et l'humanité serait éliminée avant d'avoir rempli sa fonction évolutionnaire. Rumi est assez clair sur ce point :

> Si l'homme parfait disparaissait, le destin descendrait sur nous et le monde entier cesserait d'exister.
> *(Mathnawi, I, 99)*

Shakespeare fait écho à la vision de Rumi :

> … les temps devraient cesser,
> Et soixante ans feraient disparaître le monde.
> *(Sonnet XI)*

Alors que le processus évolutionnaire progresse, de nouvelles techniques de développement sont mises à la disposition des mystiques qui sont en charge de l'évolution humaine. C'est pourquoi il existe différentes techniques et méthodologies de développement qui ont été mises en œuvre à différentes époques de l'histoire. Par exemple, du fait de l'entrée de Mahomet au « huitième ciel », les mystiques eurent accès à une forme compressée du spectre des modes de conscience disponibles dans le Macrocosme. Ceci permit l'introduction d'une nouvelle méthodologie de développement. Par l'utilisation de cette méthodologie, une personne peut être simultanément exposée à tout le spectre du champ de conscience universelle disponible dans le Macrocosme. Cette nouvelle méthodologie fut introduite par Ahmad Sirhindi à la fin du 16ème siècle. Sirhindi utilisa le terme « le monde de l'énergie directive » pour décrire la forme compressée du spectre de conscience[76]. Par exposition à l'énergie directive, il est possible d'activer simultanément plusieurs facultés subtiles. Ceci permet un développement considérablement accéléré de la structure intérieure de l'esprit. Bien sûr, une telle exposition au spectre de conscience nécessita de nouvelles techniques avancées qui n'étaient pas disponibles auparavant. Cela signifie que la méthodologie de développement dut être modifiée. Elle dut être adaptée à chaque personne en fonction de ses caractéristiques naturelles. Le spectre de conscience appliqué doit correspondre au niveau des facultés subtiles qui sont naturellement plus fortes dans l'esprit d'une personne donnée. Sinon, son application serait nuisible. Avec l'introduction de cette nouvelle méthodologie, les approches et techniques précédemment utilisées sont devenues obsolètes.

Ahmad Sirhindi illustre symboliquement les grandes lignes de cette nouvelle méthodologie dans l'histoire « L'homme boiteux et l'aveugle ». L'homme boiteux et l'aveugle représentent respectivement les facultés ordinaires du cœur et de l'intellect.

---

[76] *Islamic Sufism*, The Sirdar Ikbal Ali Shah, p. 97 (voir Note #65).

Aucune de ces facultés n'est à elle seule capable d'avancer. Dans leur état naturel, ces facultés sont déficientes, elles ne peuvent amener l'homme à sa destination ultime (« atteindre le banquet du roi »). L'histoire explique comment, malgré ces lacunes, des progrès peuvent être réalisés. À savoir, en présence d'un observateur (« un troisième homme »), les facultés latentes peuvent être activées et de cette manière les facultés ordinaires peuvent surmonter leurs limites. Les instructions de l'observateur sont une illustration symbolique d'une exposition à un spectre personnalisé d'énergie directive :

> Un homme boiteux entra un jour dans une auberge et s'assit à côté d'une personne déjà là. « Je ne pourrai jamais atteindre le banquet du roi », soupira-t-il, « car à cause de mon infirmité, je ne peux pas avancer assez vite. »
> L'autre homme leva la tête : « Moi aussi, j'ai été invité », dit-il, « mais ma situation est pire que la vôtre. Je suis aveugle et je ne vois pas la route, bien que j'aie été également invité. »
> Un troisième homme qui les avait entendus dit : « Mais si seulement vous le réalisiez, vous avez à vous deux les moyens d'atteindre votre destination. L'aveugle peut marcher, avec le boiteux sur son dos. Vous pouvez utiliser les pieds de l'aveugle et les yeux du boiteux pour vous diriger. »
> Ainsi, les deux purent atteindre le bout de la route, où le festin les attendait. ...[77]

Ce qui est intéressant, c'est que cette nouvelle méthodologie fut presque immédiatement transférée de l'Inde à l'Angleterre de la fin du 16ème siècle. Cela fit partie de la préparation au début de la phase suivante du processus évolutionnaire sur la planète. Pour la première fois dans l'histoire humaine, la nouvelle phase évolutionnaire devait

---

[77] *Tales of the Dervishes*, Idries Shah, p. 209 (voir Note #30).

être initiée entièrement dans le milieu séculier de la société occidentale. Cette nouvelle méthodologie fut divulguée dans les écrits de Shakespeare.

Shakespeare utilisa le récit composé de ses 37 pièces pour décrire 37 épisodes du processus évolutionnaire qui conduisit à la formation de la civilisation occidentale. Il traite les événements historiques comme des manifestations de l'état d'esprit d'un groupe sélectionné de personnes représentatives d'une zone géographique donnée à un moment particulier. Comme indiqué précédemment, c'est l'état de l'esprit humain qui détermine l'histoire et la prospérité des sociétés. Dans la présentation allégorique de Shakespeare, ses personnages sont des représentations symboliques des diverses facultés de l'esprit. Certaines de ces facultés sont ordinaires, certaines sont extraordinaires, et d'autres sont encore dans leur état latent. C'est un tel état d'esprit composite qui détermine ce qui est possible et ce qui ne l'est pas. Il définit son potentiel évolutionnaire et dicte la séquence des événements. Le récit de Shakespeare commence avec la guerre de Troie, se déplace vers la Grèce antique et la Grande-Bretagne préromaine, puis se rend à Rome, se poursuit au Moyen Âge et se termine avec l'apparition de la Renaissance européenne[78]. Shakespeare introduit une illustration unique de l'application de la nouvelle méthodologie d'activation des facultés internes. À savoir, le progrès évolutionnaire est indiqué par un certain nombre de couples qui se marient simultanément (« tous les quatre, ou les trois, ou les deux, ou l'un des quatre ».) De cette façon, il illustre symboliquement la mise en œuvre de la méthodologie de développement dans diverses zones géographiques. C'est cette nouvelle méthodologie qui conduisit à la formation de la société occidentale moderne.

Il faut connaître la méthodologie de l'activation des strates intérieures de l'esprit pour reconnaître le « secret » caché dans les pièces de Shakespeare. Tout comme dans le cas des équations de Maxwell, pour une personne qui n'est pas familière avec cette

---

[78] *Shakespeare's Elephant in Darkest England*, Wes Jamroz, p. 200 (voir Note #39).

illustration symbolique, une telle interprétation des pièces n'a ni sens ni importance.

***

Nous sommes au début du printemps 1590. La petite Athènes, charmante ville du nord de l'Italie, se prépare pour les festivités organisées par le duc Gonzaga, le souverain du duché de Sabbioneta. La petite Athènes est la capitale du Duché. La ville est située à sept lieues au sud-ouest de Mantoue. Au centre de la ville, il y a une colonne de Pallas-Athéna. Le duc Gonzaga a érigé la colonne pour indiquer qu'Athéna, la déesse grecque de la sagesse, est la patronne de sa ville.

Il y a beaucoup d'excitation dans la ville. Dans le cadre des festivités, il y aura des représentations dans le théâtre récemment construit, le Teatro all'Antica. Le nouveau théâtre n'est pas un théâtre ordinaire. C'est le premier théâtre indépendant, couvert et construit à cet effet dans le monde moderne.

À la porte ouest de la ville, appelée « le chêne du duc », il y a un groupe d'hommes. (La porte s'appelle le chêne du duc parce qu'elle mène au terrain de chasse du duc dans une forêt de chênes.) Ce sont des acteurs qui ont été invités par le duc pour mettre en scène une pièce dans le nouveau théâtre. Les acteurs viennent juste de rentrer de la forêt de chênes où ils étaient allés répéter leurs rôles. Selon une légende locale, la forêt est hantée par des fées. Il y a beaucoup d'histoires fascinantes sur les fées racontées par les gens du cru. Récemment, certains courtisans du duc ont fait des rencontres étranges avec les supposées fées dans la forêt de chênes. Depuis lors, la ville bourdonne de rumeurs et de potins de toutes sortes.

Le duc a demandé aux acteurs de mettre en scène une pièce qui aiderait ses invités et ses courtisans à comprendre l'idée de l'évolution humaine. En particulier, le duc voulait que les acteurs abordent le concept des mondes invisibles et le rôle de l'homme parfait.

Après avoir pris leurs costumes et accessoires dans une petite pièce à l'intérieur de la porte, les acteurs tournent à gauche et longent une rue menant au temple.

Lorsqu'on parcourt les rues de la petite Athènes, on découvre à quel point la conception de la ville est unique. La ville entière a été construite dans le style architectural maniériste. Elle a été conçue comme une forteresse et un certain nombre d'artifices maniéristes ont été utilisés pour confondre les envahisseurs potentiels. La disposition supposément symétrique de la ville est intentionnellement trompeuse. Les emplacements des deux places principales sont décentralisés par rapport à l'axe géographique du centre de la ville. Une fausse perspective a été utilisée en diminuant progressivement la largeur des rues. Cela fait apparaître les rues plus longues qu'elles ne le sont réellement. Toutes ces caractéristiques ont transformé la ville en une sorte de labyrinthe.

Le temple est une puissante structure octogonale en briques rouges avec des coins saillants renforcés. A l'intérieur, il y a huit niches radiales surmontées d'une galerie. Quelques années plus tôt, le duc avait fait démolir une église et un prieuré qui se trouvaient auparavant sur les lieux. À leur place, il avait fait construire le temple octogonal. C'est dans ce temple que deux de ses courtisans se sont mariés quelques heures plus tôt.

Les acteurs passent devant le temple, puis tournent à droite et arrivent devant le palais du duc. Le duc et ses invités viennent de terminer leur souper et s'apprêtent à marcher jusqu'au théâtre, situé à un pâté de maisons au sud du palais. Parmi les invités du duc figurent la noblesse et l'intelligentsia d'Italie et d'autres pays d'Europe occidentale. Au cours des journées précédentes, les invités ont eu l'occasion d'admirer les riches collections d'art du duc et d'assister à des conférences érudites qu'il avait parrainées.

Le nouveau théâtre a trois entrées distinctes, une réservée au duc et à sa famille, une aux courtisans et aux invités du duc et une aux comédiens. À l'intérieur du théâtre, la scène a un décor permanent représentant une ville italienne typique. Il y a quelques nouveautés dans la conception globale du théâtre. Notamment, il y a des vestiaires, une entrée des artistes et un double foyer, l'un pour les hommes et l'autre pour les femmes. Les acteurs mettent en scène plusieurs amoureux pour représenter l'état évolutionnaire de l'humanité. Au début de la pièce, les amoureux rencontrent des difficultés inattendues. La pièce indique que ces difficultés sont similaires à celles rencontrées par Pyrame et Thisbé, les célèbres amants de l'ancienne ville de Babylone au début du deuxième millénaire avant JC. Ces difficultés sont des vestiges de la perturbation évolutionnaire survenue dans l'Antiquité. Il semble que depuis lors, tous les amoureux du monde entier aient été confrontés à la même situation, y compris Roméo et Juliette de la célèbre histoire originaire de Vérone au 14ème siècle.

La pièce des acteurs est une illustration allégorique de la structure de l'esprit humain. Le monde des idées est représenté par la lune. Le monde des symboles est représenté par le royaume des fées. Les amoureux appartiennent au monde ordinaire. La pièce explique que les amoureux ne peuvent pas être unis car il existe une certaine disharmonie au sein du royaume des fées. C'est cette disharmonie projetée sur le monde ordinaire qui a affecté tous les amoureux à travers les temps. Cette disharmonie est projetée sur le monde ordinaire par les symboles du « lion affamé » et du « mur ». Le « lion affamé » représente les attractions sensuelles qui interfèrent avec les relations des amoureux. Le « mur » est l'inadéquation de tout l'environnement qui entoure les amoureux, et il se manifeste par une haine entre leurs parents. Les hommes du monde ordinaire sont incapables de résoudre cette situation. Peu importe ce qu'ils essaient, leur situation ne peut pas changer. La situation ne pouvait être réparée que par un sage capable d'entrer dans le monde des symboles (le royaume des fées) et d'y régler le problème. Pour faire ce voyage, cet homme a dû être transmué d'une certaine manière. Les acteurs présentent symboliquement cela comme sa transformation en « âne ». (Un « âne » équivaut à un « fou », c'est-à-dire un fou spécial : « le fou pense qu'il est sage, mais le sage sait qu'il est un fou »). Il y avait cependant une autre exigence. Le voyage au royaume des fées ne pouvait avoir lieu qu'à un moment précis dicté par le monde des idées. Ce moment est symboliquement marqué par la pleine lune.

Les acteurs mettent en scène leur pièce en cinq épisodes, qui pourraient être intitulés « Le mur », « La cape ensanglantée », « Le lion », « La lune » et « La mort des amants ». Ces épisodes sont présentés en ordre chronologique inverse, en commençant par le dernier, c'est-à-dire l'événement le plus récent (« Le mur »). De cette façon, ils indiquent à leur public que leur histoire est une mise en scène allégorique dans un temps imaginaire[79]. L'épisode initial, « La mort des amants », fait référence à la situation désespérée de tous les « amoureux » depuis l'Antiquité. « La lune » marque le moment où il fut possible à un sage d'aller au royaume des fées. « La cape ensanglantée » est signe que « Le lion » affamé a été soumis. La suppression du « mur » dans le dernier épisode est signe que la situation au sein du royaume des fées a été corrigée. C'est cette « correction » qui a résolu le problème des amoureux. À la fin, ils sont unis et heureux.

À travers leur pièce, les acteurs tentent d'expliquer aux jeunes amoureux leurs expériences étranges dans la forêt de chênes. Dans leur langage symbolique, les acteurs expliquent pourquoi les amants peuvent enfin se marier avec joie. Ils peuvent être unis parce qu'un sage a été capable d'entrer dans le monde des fées et d'y régler le problème qui s'y trouvait.

---

[79] L'interprétation de « Pyrame et Thisbé » a été extraite par l'auteur de *Shakespeare's Elephant in Darkest England*, W. Jamroz, p. 328 (voir Note #39).

Les acteurs présentent leur pièce dans un style maniériste. Ils appliquent une « fausse perspective » aux perceptions ordinaires en caricaturant habilement leurs personnages ainsi qu'eux-mêmes. Ils rendent leur histoire incompréhensible à ceux qui réagissent principalement avec leur intellect ou leurs émotions. Tant que l'homme est stimulé par de telles impulsions inférieures, il est incapable de saisir le sens symbolique de la pièce. De cette façon, les acteurs se moquent de la nature en l'imitant parfaitement.

La conclusion de l'histoire présentée par les acteurs résume assez bien l'état du processus évolutionnaire mis en place en Europe occidentale à la fin du 16ème siècle.

Nous pouvons réaliser que l'intégralité de l'intrigue de la pièce est une référence au jalon évolutionnaire accompli à la fin du 16ème siècle. Pour la première fois dans la littérature mondiale, un homme put entrer au « royaume des fées » et résoudre un problème dans le monde des symboles. Cela fut possible parce qu'à cette époque, un autre homme réussit à être complètement absorbé dans l'Absolu. Dans le monde ordinaire, ce raffinement spécifique de l'esprit humain se manifesta par l'apparition de la Renaissance européenne.

Les invités et les courtisans du duc n'ont cependant pas compris le sens de la pièce. Au lieu de cela, ils s'esclaffèrent de rire en regardant les acteurs qui prétendaient avoir des difficultés avec leur production. Les spectateurs étaient trop arrogants pour faire une pause et jeter un autre regard sur la situation qui se déroulait devant eux. S'ils avaient fait une pause pendant un instant, ils auraient réalisé que l'histoire des acteurs contenait « tout ce que vous aimeriez savoir ». Heureusement, la pièce a été mise par écrit et a été transmise de génération en génération sous le titre *Le Songe d'une nuit d'été*. Depuis lors, elle a été jouée à maintes reprises au cours des quatre cents dernières années. Par conséquent, de nombreuses générations de spectateurs ont eu la chance d'apprendre tout ce qu'ils avaient besoin de savoir pour pouvoir contribuer à un enrichissement véritable du monde.

Pourquoi sommes-nous ici ?

La pratique de la science de la connaissance a pour but d'acquérir une existence éternellement durable.
(Al Ghazali)

Basées sur le modèle de la conscience cosmique présenté, les observations suivantes peuvent être extraites pour résumer le modus operandi de l'Univers, le but de la vie, le rôle de l'humanité et son avenir. Ces observations contiennent suffisamment d'informations pour répondre aux « questions enfantines » mentionnées dans le premier chapitre. Il n'est pas nécessaire d'accepter l'existence d'une intervention divine ou d'être d'accord avec la méthodologie mystique pour les utiliser. Ces observations ne sont que des descriptions du fonctionnement du champ de conscience universelle :

- La conscience est une forme d'énergie.

- Le Cosmos est un gradient de conscience et l'Univers occupe le niveau le plus bas au sein de la conscience cosmique.

- L'homme est naturellement doté de facultés physiques qui sont limitées à la perception du monde physique.

- D'autres types de facultés sont nécessaires pour percevoir et fonctionner dans des niveaux de conscience plus élevés.

- L'esprit humain contient un ensemble de facultés intérieures qui sont suffisantes pour percevoir tous les niveaux de conscience. Ces facultés plus subtiles sont cependant dans leur état latent.

- En activant ses facultés latentes, l'homme est capable d'atteindre les plus hauts niveaux de conscience.

- A partir d'un niveau de conscience donné, seul le niveau immédiatement supérieur est partiellement perceptible. Les niveaux plus élevés restent indiscernables.

- Un niveau de conscience particulier ne peut être pleinement développé qu'en essayant d'atteindre le niveau supérieur suivant.

- À chaque niveau de conscience, les lois qui gèrent l'espace, le temps et l'existence sont différentes.

- Un acte d'observation active ne peut être effectué que sur des objets qui appartiennent à des niveaux moins subtils que la conscience de l'observateur.

- Les efforts de l'homme vers le développement d'une conscience supérieure constituent une « évolution délibérée ».

- Le but de la vie humaine est d'évoluer vers des niveaux de conscience supérieurs.

Ces observations fournissent des indications sur la place du monde physique dans le Cosmos. En tant que telles, elles peuvent être utiles aux scientifiques pour les guider dans leur tentative d'élaboration d'un modèle adéquat de l'Univers. Elles pourraient s'avérer plus valables que le soi-disant principe anthropique[80]. En fait, elles pourraient très bien le remplacer. Le principe anthropique a été construit par la communauté scientifique dans le but d'aborder des questions telles que :

> Pourquoi les conditions sur Terre sont-elles parfaitement adéquates à l'existence d'êtres conscients tels que les humains ?

Selon le principe anthropique, la réponse serait :

> Si les conditions n'étaient pas parfaitement adéquates, nous ne serions pas ici pour poser cette question.

Il est assez déroutant de voir que les physiciens et les cosmologistes considèrent que la logique tordue du principe anthropique puisse être d'une quelconque utilité. Comme l'a souligné Roger Penrose, « le principe anthropique a tendance à être invoqué par les théoriciens à chaque fois qu'ils n'ont pas une théorie suffisamment bonne pour expliquer les faits observés[81] ».

Comme les observations ci-dessus l'indiquent, il est impossible à partir du niveau de conscience ordinaire de saisir les lois opérant dans les niveaux supérieurs de conscience. Cette impossibilité détermine les limites de la science. La démarche scientifique s'inscrit dans le champ de fonctionnement de la faculté de l'intellect. Conformément à la structure cosmique globale, une telle entreprise est limitée à la compréhension du monde physique, c'est-à-dire la zone la plus basse du champ de conscience. Une telle approche est donc inefficace pour accéder à des zones de conscience supérieures. L'intellect est un appareil trop grossier pour saisir les propriétés intrinsèques du Macrocosme. En d'autres termes, les activités scientifiques ne réussiront jamais à formuler « l'esprit de Dieu ».

---

[80] Le principe anthropique est une hypothèse philosophique selon laquelle les humains jouent un rôle privilégié dans un Univers cohérent. Cette hypothèse exclut l'existence de toute forme de conscience supérieure.
[81] *The Emperor's New Mind*, Roger Penrose, p. 433 (voir Note #6).

Cependant, en s'efforçant d'atteindre (involontairement) le monde des symboles, les scientifiques améliorent continuellement le modèle mécanique du monde physique. Ils contribuent ainsi au développement de technologies indispensables au maintien de la présence de l'humanité sur la planète.

Au fur et à mesure que la science découvre de nouvelles lois, elle introduit également de nouveaux termes, expressions et concepts. Le nouveau vocabulaire technique et scientifique permet une description plus adéquate des mondes invisibles. C'est de cette manière indirecte que la science contribue à une meilleure compréhension des possibilités associées à des états de conscience élevés.

S'ils exploitaient les données mystiques, les scientifiques devraient être en mesure de naviguer plus efficacement à travers un certain nombre de défis auxquels l'humanité est actuellement confrontée. Par exemple, les données mystiques disponibles pourraient aider à faire des choix lors de la sélection de l'approche la plus prometteuse : est-il mieux de travailler au développement de la théorie du tout ou serait-il plus bénéfique pour l'humanité de rechercher d'abord le lien entre la conscience et la matière noire ? Est-il plus utile de chercher des exoplanètes habitables ou serait-il plus bénéfique d'étudier l'effet de l'existence à long terme dans l'espace sur la cognition humaine ? Est-il plus bénéfique pour l'humanité d'investir des ressources dans la recherche de traces de vie dans l'Univers ou serait-il préférable de travailler à la préservation de l'humanité en étudiant l'effet de l'environnement naturel sur la conscience humaine ?

Il y a un précédent historique à la dynamique qui existe entre différentes approches, telles que la science et le mysticisme. Regardons la relation entre la philosophie et la science. Il a été remarqué que jusqu'au 18ème siècle, les philosophes étaient considérés comme les plus grands esprits du monde. Ils considéraient l'ensemble de la connaissance humaine comme leur domaine exclusif. À un moment donné, cependant, les philosophes ignorèrent un élément critique dans leurs recherches : les expériences. Ils considéraient toute forme de données expérimentales comme inférieure à la pensée purement spéculative qu'ils utilisaient comme méthode principale de raisonnement. Cependant, tenter de répondre à la question « pourquoi sommes-nous ici » en utilisant la logique et l'intellect est tout aussi impossible que de tenter de concevoir l'existence des nombreuses galaxies sans télescope et sans observations astrophysiques. C'est pourquoi, à un moment donné, les philosophes perdirent la maitrise des progrès qui se produisaient en science. Ces avancées étaient stimulées par un énorme corpus de données expérimentales issues d'observations et de la modélisation mathématique, activités ignorées par les philosophes. Par conséquent, comme l'a déclaré Ludwig Wittgenstein, l'un des philosophes les plus influents du 20ème siècle, la portée de leurs recherches fut tellement réduite que « la seule tâche qui reste à la philosophie est l'analyse du langage[82] ». Il semble que les physiciens théoriciens se retrouvent aujourd'hui dans une situation similaire à celle des philosophes du 18ème siècle. Comme ils ont presque atteint les limites des énergies disponibles dans leurs laboratoires, leur contribution se réduit progressivement à la production de nouveaux termes et concepts abstraits. S'ils continuent d'ignorer les vastes données expérimentales fournies par les mystiques, les physiciens théoriciens se couperont bientôt d'un ensemble d'informations pertinentes. Leur activité future sera considérablement réduite et pourrait ressembler à des jeux composés de modèles multidimensionnels et d'objets géométriques, une entreprise fascinante mais sans signification développementale.

En attendant, l'humanité ne peut pas attendre que la science détermine ce qui est dans « l'esprit de Dieu ». Quels que soient les succès ou les échecs de la science, l'humanité doit remplir sa fonction de participant actif au processus de création.

---

[82] Cité par Stephen Hawking dans *A Brief History of Time*, p. 174 (voir Note #5).

Livres du même auteur

A Journey with Omar Khayaam, Troubadour Publications (2018)

Shakespeare's Elephant in Darkest England, Troubadour Publications (2016)

Shakespeare's Sequel to Rumi's Teaching, Troubadour Publications (2015)

Shakespeare's Sonnets or How heavy do I journey on the way, Troubadour Publications (2014)

Shakespeare for the Seeker, Volume 4, Troubadour Publications (2013)

Shakespeare for the Seeker, Volume 3, Troubadour Publications (2013)

Shakespeare for the Seeker, Volume 2, Troubadour Publications (2013)

Shakespeare for the Seeker, Volume 1, Troubadour Publications (2012)

Traduits en espagnol

Un viaje por la consciencia cósmica, Troubadour Publications (2020)

Un viaje con Omar Khayaam, Editorial Sufi (2020)

Shakespeare para el buscador (Completo: 4 volúmenes – versión Kindle), Editorial Sufi (2020)

El elefante de Shakespeare: en la Inglaterra más oscura, Troubadour Publications (2017)

Rumi y Shakespeare, Editorial Sufi (2016)

Shakespeare y su maestro, Editorial Sufi (2015)

Shakespeare para el buscador - Volumen 4, Editorial Sufi (2013)

Shakespeare para el buscador - Volumen 3, Editorial Sufi (2011)

Shakespeare para el buscador - Volumen 2, Editorial Sufi (2011)

Shakespeare para el buscador - Volumen 1, Editorial Sufi (2011)

www.ingramcontent.com/pod-product-compliance
Lightning Source LLC
LaVergne TN
LVHW051832080426
835512LV00018B/2828